ZENO DIEGELMANN

Kaffee, Kunst & Klostermauern

Gäste, Bürger und Persönlichkeiten über ihre geheimen Lieblingsorte in Fulda

ZENO DIEGELMANN

Kaffee, Kunst & Klostermauern

Gäste, Bürger und Persönlichkeiten
über ihre geheimen Lieblingsorte in Fulda

parzellers
BUCHVERLAG

Inhalt

»KAFFEE, KUNST UND KLOSTERMAUERN« ist ein Streifzug durch die Stadt Fulda und gewährt intime Einblicke hinter die bekannten Kulissen der Domstadt.

Unterschiedlichste Menschen stellen ihre geheimen und weniger geheimen Lieblingsplätze vor. Es sind Orte, an denen sie nach stressigen Stunden Ruhe und Abwechslung, Minuten der Einkehr, ein Moment des Erholens und Durchatmens, aber ebenso des Feierns und Lachens finden können.

Das Nachschlagewerk soll sowohl zum Schmökern und Schmunzeln, als auch zum Nachdenken anregen. Anekdoten und amüsante Geschichten reihen sich an interessante und spannende Lebensläufe und zeichnen dabei verschiedenste Portraits, Besonderheiten und skurrile Geschichten.

»KAFFEE, KUNST UND KLOSTERMAUERN« ist zum einen gedacht als kleiner Ratgeber für Besucher der Region, die Freude am Entdecken haben. Zum anderen aber auch als Anregung für Einheimische, zur Wieder- und Neuentdeckung ihrer Umwelt und als Belebung des alltäglichen Lebens.

Ob kaffeeröstende Politiker, prüfungsgestresste Studenten oder Kurzbesucher, die es immer wieder magisch nach Fulda zurückzieht. Um ein gutes Getränk, Gespräch oder einfach nur die Zeit in Ruhe genießen zu können, haben alle ihre ganz persönlichen Favoriten.
Ihre Perle. Ihre Oase. Ihren Lieblingsort.

Zeno Diegelmann

Frühstück

ACADEM

»Die schönste aller Mahlzeiten.
Man ist ausgeruht und jung, hat sich noch nicht geärgert
und ist voll neuer Hoffnungen und Pläne.«

Heinrich Spoerl (* 1887 † 1955), deutscher Schriftsteller

FRÜHSTÜCK MIT SPÄTFOLGEN

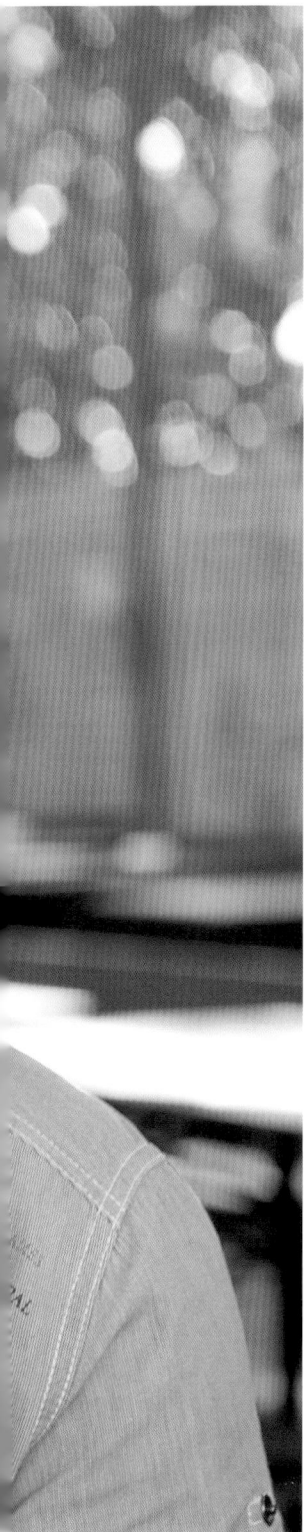

Academica

Vivien, studierte Sozialpädagogik an der FH Fulda

Frühstück mit Spätfolgen

Eigentlich stand Vivien gar nicht der Kopf nach einer Verabredung. Gerade erst hatte sie eine Klausur in Pädagogik in den Sand gesetzt und war dementsprechend schlecht gelaunt. Und ausgerechnet an diesem Morgen stand plötzlich dieser Typ vor ihrem Tisch und fragte, ob er sich neben sie setzen könne. Mit geschultem Blick musterte Vivien den Fremden: Blue Jeans mit weißen Sportschuhen, dazu ein schwarzer Pullover, der ihres Erachtens allerdings schon seine besten Zeiten weit hinter sich gelassen hatte.

Doch irgendwie fand sie das kecke Lächeln von ihm herzerfrischend offen und aufmunternd. Sie willigte ein und er nahm Platz. Ein erstes gemeinsames Frühstück folgte.

Tausche Pulli gegen Partner

Fast zwei Jahre später sitzen wir wieder an einem frühen Morgen an diesem Tisch im Academica, dem Bistro – Biergarten an der Hochschule Fulda.

Einiges hat sich seitdem verändert. Vivien hat mittlerweile ihren Abschluss gemacht, und »Sven hat endlich diesen schrecklichen Pulli ausgemustert«, sagt Vivien mit einem erleichterten Schmunzeln in Svens Richtung. Doch noch etwas viel Entscheidenderes hat sich bei den beiden seit diesem Tag verändert: Sie sind keine Singles mehr.

»Nach dem gemeinsamen Frühstück haben wir unsere Telefonnummern ausgetauscht. Zwei Tage später habe ich mich endlich getraut und Vivien zu einem Ausflug in die Rhön eingeladen.« Svens Augen leuchten bei der Erinnerung an diese

Zeit, und sein Blick sucht Viviens. »Seitdem sind wir ein Paar.« »Und nicht nur das. In ein paar Monaten werden wir zu Hause einen neuen Mitbewohner begrüßen können«, freut sich Vivien und streicht sich sanft über das kleine Bäuchlein, das sich kaum sichtbar unter ihrem Oberteil abzeichnet.

Feiern mit Freunden zu fairen Preisen

Mittlerweile sind die beiden aus beruflichen Gründen von Fulda nach Frankfurt gezogen und kommen daher nur noch selten ins Academica. »Das ist echt schade, denn die Preise

Sven, studierte Betriebswirtschaftslehre an der Hochschule

sind einfach noch normal und nicht so überzogen wie in Frankfurt oder anderen Großstädten«, erklärt Sven und ver-

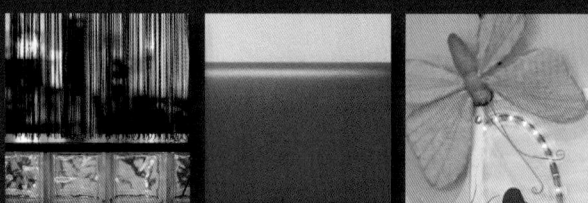

weist dabei auf die bunt gestaltete Karte, die vor uns auf dem Tisch steht. Vivien fügt noch einen weiteren Grund an, warum die beiden auch heute noch guten Gewissens diesen Ort empfehlen können. »Man kann hier klasse mit Freunden feiern, besonders wenn man bei schönem Wetter draußen einen Platz findet.«

Da muss man Vivien Recht geben. In der Tat kann man hier anscheinend nicht nur mit anderen Kommilitonen lernen, frühstücken oder Partys feiern, sondern vielleicht sogar mit etwas Glück den Partner fürs Leben kennenlernen. Aber das muss Vivien ja nun nicht mehr...

Notenvergabe

von Vivien und Sven für das Academica

Auswahl an Speisen und Getränken:	**2**
Qualität:	**2**
Preis-Leistungsverhältnis:	**1-2**
Service:	**2+**
Einrichtung:	**2-3**

Bistro und Biergarten Academica
Daimler-Benz-Str. 5, 36039 Fulda
Öffnungszeiten: Mo – Fr 09:00 – 24:00 Uhr
Sa 15:00 – 24:00, So 09:30 – 23:00 Uhr

Specials: Biergarten, Frühstücksbuffet Mo-Fr,
So und an Feiertagen 09:30-11:00 Uhr

www.academica-fulda.de

Erinnerungen

»So hat das Kind ein königliches Verhältnis zur Zeit, nämlich keins, wenn es spielt. Das ist es, was wir an der Kindheit bewundern: Ausstieg aus Zeit, Paradies.«

Erhart Kästner (* 1899 † 1974), deutscher Schriftsteller

Tür in die
Vergangenheit

Marktstraße

Tür in die Vergangenheit

Madrid, Kiew, Sao Paulo, Buenos Aires… das sind nur einige Stationen, die Claudia Both-Billinger durch ihren Beruf am renommierten Goethe-Institut bereisen durfte. „Die halbe Welt habe ich durch diese Tätigkeit und durch viele Urlaube kennenlernen dürfen." Doch an einen Ort zieht es die heute in Frankfurt am Main lebende Frau noch immer zurück. Ein Ort, an dem für sie die Zeit still zu stehen scheint und uns zurück in das Jahr 1958 führt…

Konrad Adenauer ist Bundeskanzler, die Wirtschaft boomt, Pelé schießt Brasilien in Schweden zum WM Titel und in der Gaststätte »Zum Auerhahn« in der Fuldaer Marktstraße trinken die Gäste zur Mittagsstunde ihren wohlverdienten Frühschoppen zu Bratwurst und Pellkartoffeln. Es ist Wochenende, und die vierjährige Claudia ist zu Besuch mit ihren Eltern aus Hanau nach Fulda gefahren. Und heute, das weiß das kleine Mädchen, werden die Großeltern, die gleichzeitig Pächter des Lokals sind, die Tür wieder etwas früher für ihre Enkelin absperren. Dann darf sie im Saal Theater spielen und ihrer Phantasie freien Lauf lassen.

Ich war die Prinzessin von Fulda

„Ich habe meist herumgetollt und herumgesponnen", sagt die heute 57-Jährige mit einem Lachen bei den Gedanken an damals. „Ich war die Prinzessin von Fulda, ein Einhorn und manchmal auch ein großer Filmstar. Es war meine eigene große Welt, in die ich an den Wochenenden eintauchen durfte, wenn wir zu Besuch kamen."

Wahrscheinlich entstand dabei auch ihre Sehnsucht nach fernen Ländern, die Welt zu bereisen und fremde Kulturen kennenzulernen. Doch das kleine Mädchen wuchs heran und kam nur noch selten nach Fulda. Später fing sie an zu studieren und machte ihren Abschluss in Germanistik und Politik. Ihr Weg führte schließlich zum Goethe-Institut. Ihre Sehnsucht nach Reisen und der Ferne immer im Gepäck.

Als Erwachsener verliert man sich allzu schnell im Trott des Alltags

Wir schreiben das Jahr 2010. Angela Merkel regiert als erste Bundeskanzlerin und kämpft gegen die Wirtschaftskrise, Spanien gewinnt zum ersten Mal überhaupt den Weltmeistertitel in Südafrika und die Gaststätte »Zum Auerhahn« ist längst einem Bekleidungshaus und mehreren Wohnungen gewichen. Doch eines ist geblieben: die wunderschöne alte Holztür in der Marktstraße 1-3, die sich einst jeden Sonntag für das Theater der Träume öffnete. Man sieht noch immer den

Glanz in den Augen, wenn Claudia Both-Billinger von ihrer emotionalen Bindung zu diesem Ort berichtet.

„Immer, wenn ich in der Nähe von Fulda bin, besuche ich meine alte Tür. Auch wenn es nur für fünf Minuten ist. Es sind so schöne Erinnerungen an meine Kindheit. In der heutigen schnelllebigen Zeit findet sich leider für Kinder nur noch selten Platz, um solch tolle Erfahrungen zu sammeln. Und auch als Erwachsener verliert man sich allzu schnell im Trott des Alltags."

Es zieht mich magisch an

Der Zufall will es, dass ein heutiger Bewohner gerade nach Hause kommt und uns freundlicherweise die Tür öffnet. Claudia Both-Billinger fragt, ob sie kurz mal hineinsehen könne, und obwohl im dahinter liegenden Treppenhaus nichts an die alte Zeit erinnert, sind sofort die Bilder aus der Vergangenheit wieder greifbar. Das Knarren des alten Dielenbodens, die Männerstimmen an den Stammtischen und nicht zuletzt die Erinnerungen an das einzigartige Gefühl der Freiheit, als sie tanzen, schauspielen und in ihrer Phantasie die Welt bereisen durfte. Die schwere Eichentür lässt sie dabei für keine Sekunde aus der Hand.

„Ja, die Tür zieht mich magisch an, und ich muss sie einfach bei jedem Besuch berühren."

...berühren und für einen kurzen Augenblick zurück in die Vergangenheit reisen. An den Ort, an dem Träume entstanden, die später Wirklichkeit werden sollten.

Claudia Both-Billinger

Marktstraße 1 - 3 | 36037 Fulda

»Ohne Heimat sein heißt leiden.«

Fjodor Michailowitsch Dostojewski (1821 † 1881), russischer Schriftsteller*

Immer den
Überblick bewahren

Schulzenberg

Immer den Überblick bewahren

für Wanderer, aber auch Ehepaare, die sich in der kleinen Kapelle auf dem Schulzenberg das Ja-Wort geben, zum Geheimtipp avancierte.

Es ist schon toll, dass man auch als Oberbürgermeister die Stadt immer wieder neu entdecken kann

Die Füße schmerzen. Die Beine sind schwer, doch ihr Ziel ist in greifbarer Nähe. Und als die Gruppe der Wanderer den Kamm des kleinen Bergs beschreitet, empfängt sie nicht nur ein offizielles Komitee, sondern entlohnt auch ein grandioser Blick über ihren Zielort Fulda und die dahinterliegende Rhön.

Dieser Moment hat sich so vor einiger Zeit ereignet. Es war die letzte Etappe des deutschen Wandertags, bei der der amtierende Oberbürgermeister traditionell die Wanderer auf dem letzten Teilstück empfängt und begleitet.

Heute treffen wir uns genau an diesem Ort wieder, der seither für den Oberbürgermeister zu einem echten Lieblingsplatz geworden ist: der Schulzenberg in Haimbach.

Oberbürgermeister Gerhard Möller, der damals die Wanderer empfing, sitzt vor uns und lässt seinen Blick über das eindrucksvolle Panorama schweifen. Dann dreht er sich zu uns. „Diese Verbindung zwischen Stadt und Landschaft ist einzigartig. Ich war selbst so von diesem Anblick überwältigt, dass ich der Rhönklubpräsidentin damals mehr aus Spaß sagte, dass man hier unbedingt eine Bank aufstellen müsse, damit jeder Wanderer verweilen und den Blick genießen könne." Und so geschah es. Eine Bank wurde positioniert, die schnell

Man merkt, wie selbst der beanspruchte Politiker hier kurz durchatmet und innehält. „Es ist schon toll, dass man auch als Oberbürgermeister die Stadt immer wieder neu entdecken kann", sagt der passionierte Wanderer, der nicht nur Touren durch die hessische, bayerische oder thüringische Rhön unternimmt, sondern oft auch zu Fuß den halbstündigen Arbeitsweg von seinem Büro nach Hause antritt. „Dabei kann man schon einen Großteil des Stresses abbauen und im wahrsten Sinne des Wortes hinter sich lassen."

Da stellt sich die Frage, bei was er überhaupt abschalten kann. „Ich lese gerne. Belletristik, aber auch Lyrik. Nur bleibt dafür leider viel zu wenig Zeit. Aber das Gedicht des Tages im Lyrikteil der Frankfurter Allgemeinen Zeitung ist zum Beispiel Pflicht", sagt er mit einem Lächeln und man merkt, dass die Lyrik mehr als nur entspannte Ablenkung für ihn bedeutet. „Ja, man könnte vielleicht sagen, dass die Lyrik eine Art Steckenpferd von mir ist." Die Worte klingen wohl gewählt und fast feinsinnig, was nicht zuletzt an der dazu motivierenden Umgebung liegen mag. Der Privatmensch Gerhard Möller tritt hervor und macht neugierig, mehr über ihn zu erfahren. Was ist das eigentlich für ein Mensch? Wie würde er sich mit wenigen Worten selbst beschreiben?

„Bodenständig, ausdauernd und darum bemüht, zuverlässig zu sein", antwortet er und fügt nach einer kurzen Gedankenpause an „...aber auch kreativ. Was als Politiker allerdings nicht immer einfach ist, da man zunächst handwerklich sauber arbeiten sollte und immer den Überblick bewahren muss."

Nachdenklich dreht sich Gerhard Möller wieder um, blickt nach vorn und wir sind uns sicher, dass dazu ein Platz wie dieser genau richtig ist.

Der Schulzenberg

»»» **Lage**

Der Schulzenberg ist ein 365 Meter hoher kalkhaltiger Höhenzug in der Gemarkung Haimbach, am westlichen Stadtrand von Fulda gelegen. 744 n. Chr. soll in der Mäd (nordwestlich vom jetzigen Haimbach) eine kleine Siedlung am Südwesthang des Schulzenberges gestanden haben.

»»» **Geschichte**

Auf dem Berg befand sich ein vorgeschichtlicher Friedhof. Hier waren vor mehr als 4000 Jahren fünf Männer, eine Frau und ein Kind bestattet worden. Dies weist auf eine Besiedlung des Fuldaer Landes bereits durch Menschen der Jungsteinzeit (ca. 5500 bis 2200 v. Chr.) hin.

Bei den Ausgrabungen, die Professor Vonderau aus Fulda zu Anfang des 20. Jahrhunderts am Schulzenberg vorgenommen hat, wurden auch Stein- und Bronzegeräte gefunden.

754 n.Chr. soll die Leiche des Heiligen Bonifatius von Mainz nach Fulda gebracht worden sein. Am Südhang des „Schulzenberges" soll der Leichenzug die letzte Rast vor Fulda gehalten haben.

An dieser Stelle soll ein Kreuz gestanden haben und somit wurde der Schulzenberg „Kreuzberg" genannt.

Zum Gedenken an dieses Ereignis steht auf dem Berg eine Kapelle (die jetzige an der Stelle einer wahrscheinlich viel älteren, die gegen Ende des 19. Jahrhunderts wegen Baufälligkeit abgerissen wurde), am Südhang stehen noch ein Marienbild (Pieta) und ein Bildstock.

»»» **Name**

Der alte Ort Haimbach bestand nur aus vier bis acht Bauernhöfen, darunter war der größte der sogenannte „Schulzenhof", Pachtgut einer Familie Schultheis aus Fulda. Nach dem Schulzenhof hat vermutlich der Schulzenberg seinen heutigen Namen erhalten, vielleicht deshalb, um eine Verwechslung mit dem Kreuzberg in der fränkisch-bayerischen Rhön auszuschließen. Auf einem alten Stich von Fulda (um 1520) heißt er allerdings schon „Schultesberg".

www.fulda.de

Gerhard Möller, Oberbürgermeister der Stadt Fulda

Vier Wände

> *» Wo ich ein guter Mensch sein kann,
> da ist mein Vaterland, da bin ich gern zuhause.«*

Pacuvius (220 - 130 v. Chr.), römischer Tragödiendichter, Quelle: »Plutus«

Ein Mann für alle Fälle

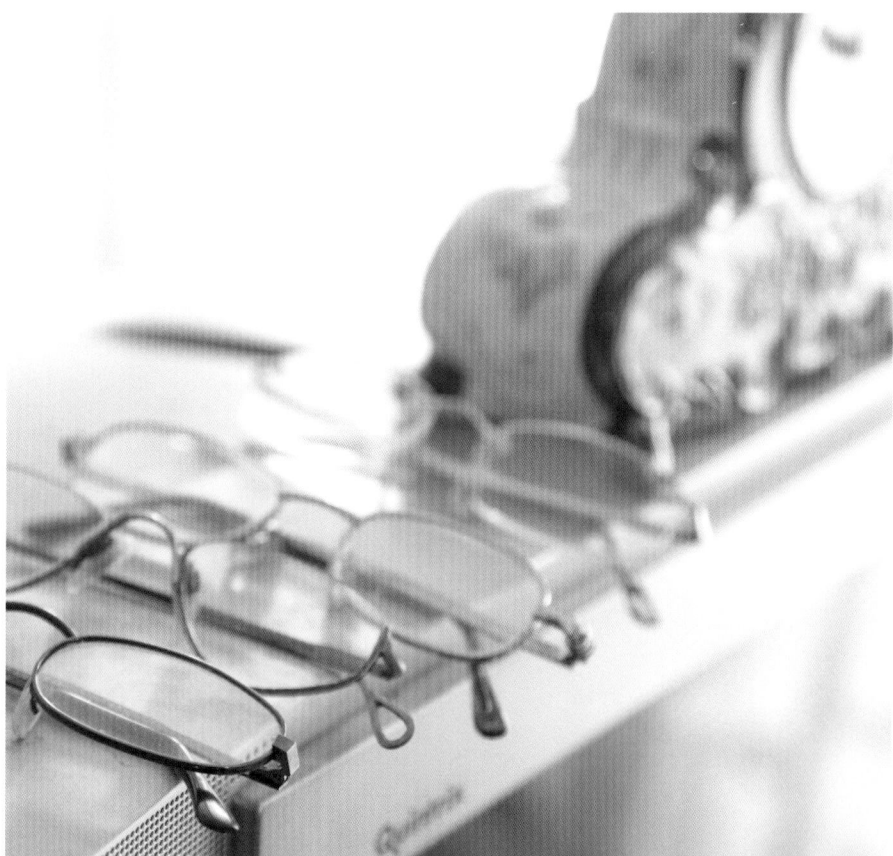

Die Maiers

Ein Mann für alle Fälle

Manchmal sind Lieblingsorte auf den ersten Blick völlig unscheinbar. Was sie so besonders macht, sind die Menschen, die sich dort aufhalten. Einen solchen Lieblingsort hat Georg Maier, auch wenn er es so sicher nicht unbedingt sagen würde. Bei jedem Wetter, schon frühmorgens um kurz vor sieben und manchmal noch spätabends nach zehn Uhr, trifft man den 72-Jährigen hier an: in dem kleinen Garten mit angeschlossenem Parkplatz hinter einem ganz gewöhnlichen Mehrfamilienhaus in der Kohlhäuser Straße.

Immer als seine Begleiterin mit dabei: Pekinesen-Hündin Susi. Die beiden haben zwar äußerlich keinerlei Ähnlichkeit miteinander, auch wenn es oft heißt, Herrchen gleichen sich irgendwann ihren Hunden an – oder umgekehrt. Dennoch verbindet sie eines: ihr herzliches Gemüt.

Lieblingsorte brauchen nicht unbedingt eine Hängematte

Vor einigen Jahren ist der Pensionär von seiner Wohnung mit eigenem Garten, 100 Meter weiter hinten im Kohlhäuser Feld, ausgezogen und, nachdem die fünf Söhne bereits eigene Wege gegangen waren, gemeinsam mit seiner Frau Magdalena in die kleine Eigentumswohnung gezogen. Ein Glücksfall für die anderen Mietparteien im Haus. Doch dazu später.

Zurück zum Lieblingsort. Zugegeben: Weder Garten und noch viel weniger der Parkplatz können mit einer besonders wohligen, einladenden Atmosphäre punkten. Eine Hängematte oder schattige Pergola sucht man definitiv vergebens. Dennoch verbringt der Russlanddeutsche hier draußen am liebsten seine Freizeit. Warum? Ganz einfach: Weil er hier alle anderen Hausmitbewohner regelmäßig zu Gesicht bekommt und mit ihnen plaudern kann. Über die Arbeit, das neue Fahrrad oder die gestiegenen Heizkosten.

„Warum soll ich nur drinnen sitzen, fernsehen und dabei einrosten. Ich habe mein ganzes Leben lang gearbeitet. In-

zwischen habe ich Zeit. Hier draußen kann ich mich nützlich machen, mich um die Rosenstöcke kümmern, den Rasen mähen, den Hof fegen oder die Hecke schneiden. Außerdem haben Susi und ich so eine Menge Unterhaltung."

Ganz unbestritten ist Georg Maier ein sehr mitteilsamer Mann, dabei aber immer ernsthaft interessiert an der Geschichte seines Gegenübers. Dann legt er seinen Kopf leicht schief – Susi übrigens auch – und hört gespannt zu.

Es gibt noch mehr Gründe, warum Georg Maier ein echter Segen für die Hausgemeinschaft ist: Er ist stets zur Stelle, wann immer er gebraucht wird. Trotz seiner 72 Jahre packt er gerne mit an, hilft beim Reintragen der Einkäufe, repariert altersschwache Fahrräder und sogar Waschmaschinen, räumt im Urlaub für die anderen die Zeitungen aus dem Briefkasten und ist gefragt als echter Pflanzen-Experte.

Blumengrüße vor der Wohnungstür

Bis zum Ruhestand hat er in einem Fuldaer Großhandelsunternehmen gearbeitet und sich dort um die Gartenartikel gekümmert. Noch heute hat er ein besonderes Händchen für Grünzeug aller Art und päppelt jedes noch so zarte Gewächs mit viel Liebe wieder auf. Außerdem schlüpft er übers ganze Jahr immer wieder gerne in die Rolle des Weihnachtsmannes: Nicht selten können sich dann die Mitbewohner über kleine Blumengrüße vor der Wohnungstüre freuen. „So viel Platz haben meine Frau und ich eben nicht, dass ich alle Pflanzen unterbringen könnte, die mir in die Hände fallen. Schließlich haben wir kein Gewächshaus, sondern eine Drei-Zimmer-Wohnung."

Apropos Wohnung: Während Georg Maier sich draußen auf dem Hof nützlich macht, kümmert sich seine Frau Magdalena um ihren Lieblingsort – die eigenen vier Wände. Die zurückhaltende Dame kocht, putzt, wäscht, staubt die vielen gemeinsamen Erinnerungsstücke in den Regalen ab und kauft Naschereien, wenn die Enkel zu Besuch kommen. Und davon gibt es reichlich: „Wir haben zehn Enkelkinder – fünf Jungs und fünf Mädchen", sagt sie stolz.

Gibt es eigentlich auch einen gemeinsamen Lieblingsplatz des Ehepaares? „Naja", sagt Magdalena mit einem Schmunzeln. „Im Sommer besuche ich Georg manchmal draußen im Garten, dann sitzen wir an unserem Tischchen an der Hecke und plaudern. Im Winter sind er und Susi öfter bei mir drinnen im Wohnzimmer. Dann lesen wir oder hören gemeinsam Musik." Das Rezept scheint aufzugehen. Die beiden sind seit 48 Jahren glücklich verheiratet!

Herr Maier und Susi

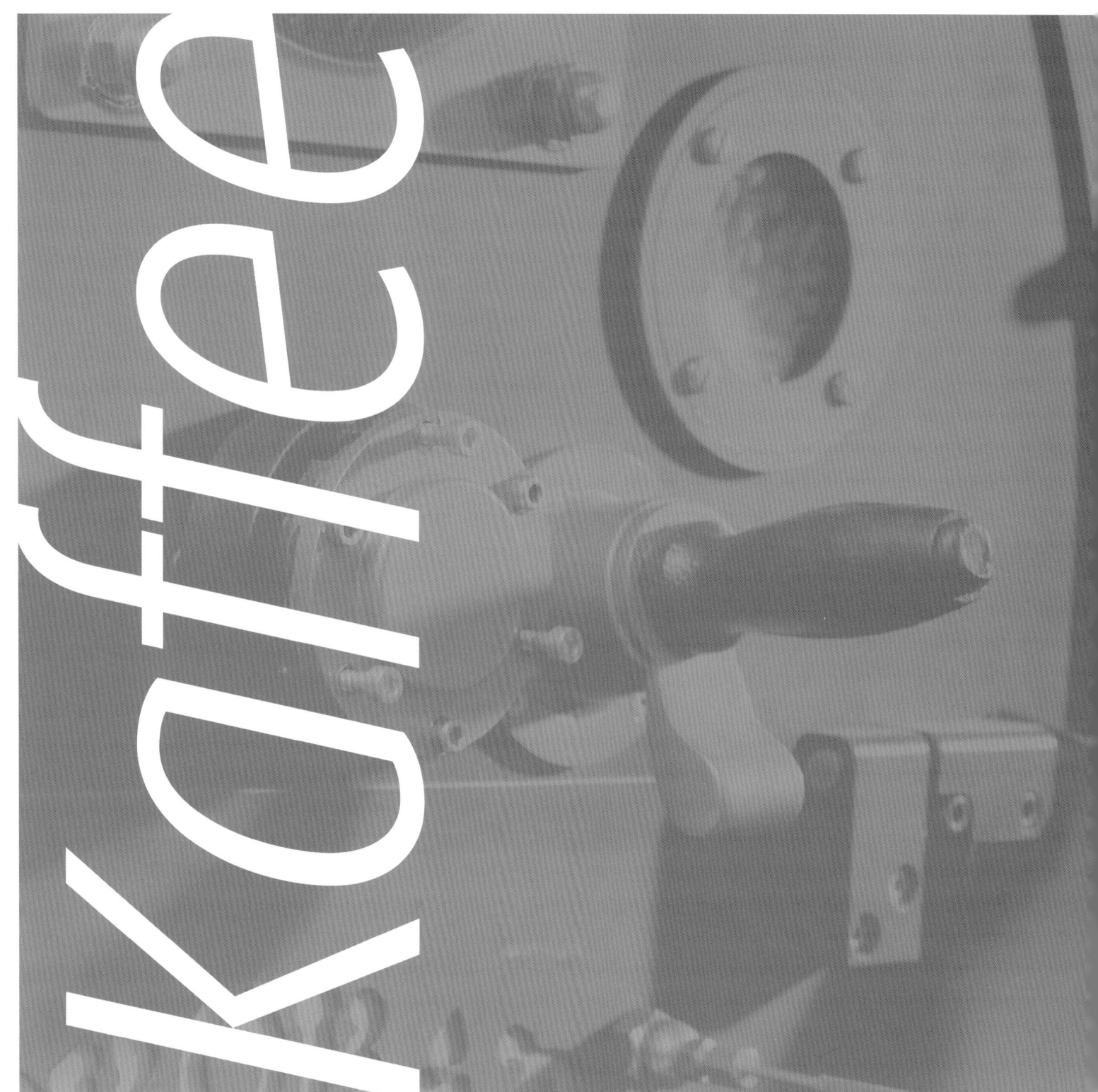

»Der Kaffee muss heiß sein wie die Hölle, schwarz wie der Teufel, rein wie ein Engel und süß wie die Liebe.«

Charles-Maurice de Talleyrand-Périgord (* 1754 † 1838), französischer Außenminister und Diplomat

Von einem roten Parteibuch und schwarzem Kaffee

Rösterei Gecko – Kaffee & mehr

Barbara Imhof

Kaffee hat mehr mit Politik gemein als man zu denken glaubt.

Wenn man durch Fuldas Kanalstraße in Richtung des Gemüsemarkts flaniert, sieht man immer häufiger Passanten, die ihre Nase sehr hoch tragen. Doch das liegt nicht etwa an deren Hochnäsigkeit oder Arroganz. Ein ganz anderer Grund zieht die Menschen magisch an und lässt sie ihre Nasen hoch in den Wind halten:

Der Duft gerösteten Kaffees

„Besonders, wenn wir gerade ganz frisch rösten, kann man beobachten, wie die Leute stehen bleiben und still genießen", weiß die deutsche Vizeröstmeisterin Barbara Imhof. Seit 2006 verdreht sie in der Unterstadt den Menschen den Kopf. Dabei schlug die gebürtige Fuldaerin und gelernte Diplompädagogin zunächst einen gänzlich anderen Weg ein. Als Abgeordnete der SPD zog sie in den Bundestag nach Berlin ein. Eines Tages entdeckte sie beim Schlendern durch den Stadtteil Berlin Mitte nicht nur den Insiderladen in Sachen Kaffee, »Coffee Mama«, sondern auch ihre eigene Liebe zur Kaffeerösterei.

Es liegen Welten zwischen frisch geröstetem und herkömmlichem Kaffee

Immer öfter wurde sie beauftragt, die Lieben zu Hause im fernen Osthessen mit den wohl duftenden Bohnen zu versorgen. „Denn wenn man einmal einen solchen Kaffee gekostet hat, merkt man erst, welche Welten zwischen diesem und einem herkömmlichen Kaffee liegen."

Letzten Endes musste ihr aber das Schicksal unter die Arme greifen, um die entscheidenden Schritte in die Selbstständigkeit zu gehen. Und diese waren keineswegs angenehm. Sie verlor ihr Mandat und musste sich dazu noch um ihren kranken Vater kümmern. Sie kehrte zurück nach Fulda, doch der politische Grundgedanke ließ sie auch in der Heimat nicht los. „Kaffee hat mehr mit Politik gemein, als man zu denken glaubt. Schließlich ist die Kaffeekirsche rot, der Rohkaffee grün und der geröstete Kaffee schwarz."

„Und wenn man sich nicht um ihn kümmert und stehen lässt, wird er bitter und braun", ergänzt Barbara Imhof lächelnd und offenbart, dass sie immer noch politisch eine feine Klinge fechten würde.

Sichtlich stolz präsentiert sie ihr mit viel Liebe eingerichtetes Café, das im hinteren Bereich zum Verweilen einlädt. Über den Gästen thronen übrigens Originalgemälde, die die Besitzer bei der Arbeit zeigen.

Exotische Gaumenfreuden und sozialistische Preise

Im Eingangsbereich werden die Kaffeeliebhaber mit dem nostalgisch anmutenden zwölf Kilo-Trommelröster empfangen, der drei Mal in der Woche frisch röstet. Neben dem Koloss aus schwarzem Metall und Bronze wirken die Schütten verspielt und verbreiten einen Hauch von Tante Emma-Laden. Neben 25 verschiedenen Sorten kann der Gaumen hier aber auch andere exotische Erfahrungen, etwa mit Kaffeegummibärchen, machen. Trotz aller Qualität, die nur mit hohem Aufwand zu sichern ist und den damit verbundenen Kosten für die Betreiberin, kann man hier laut Imhof „einen Kaffee für sozialistische 1,50 Euro erwerben."

Auch eine erfolgreiche Geschäftsfrau verliert halt niemals ihre politischen Wurzeln...

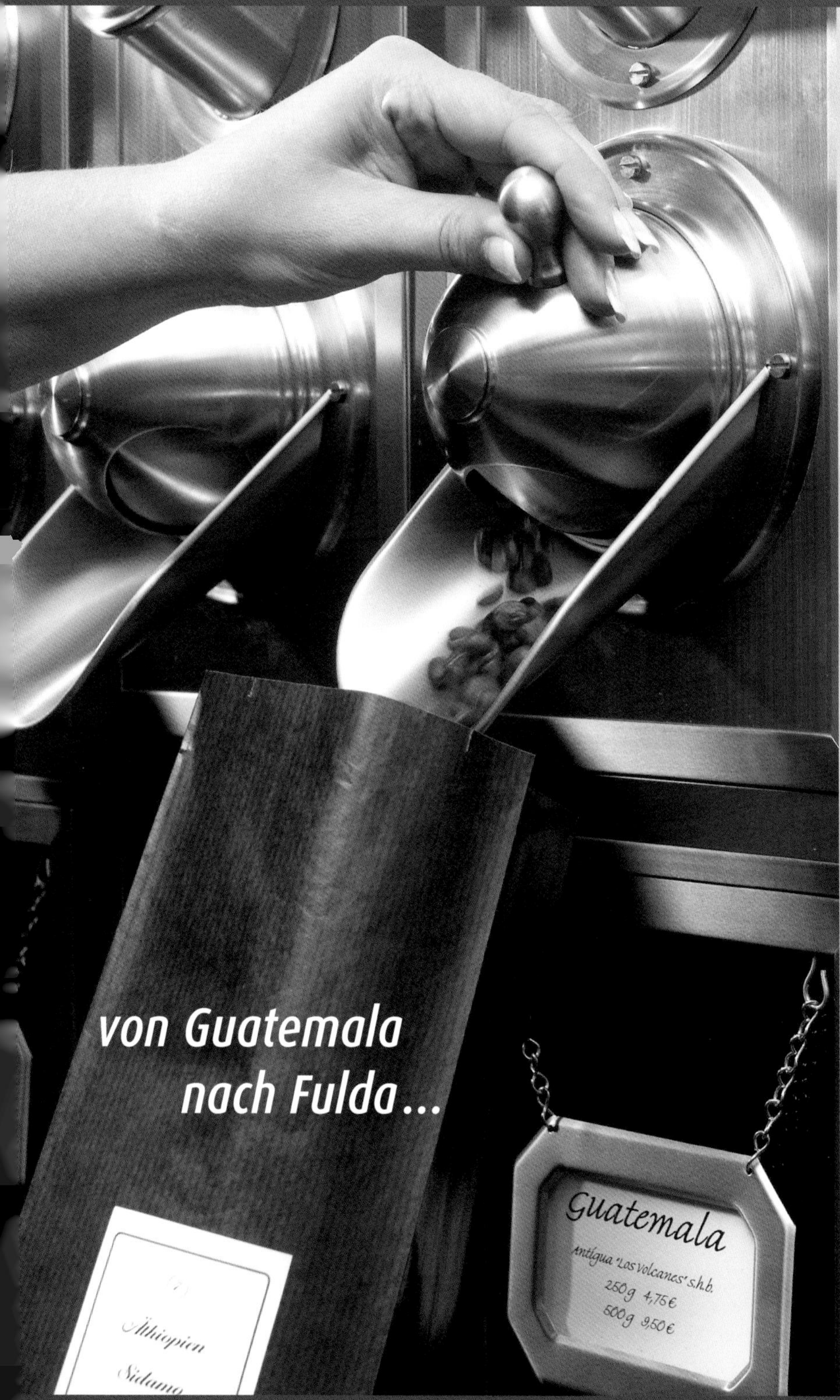

von Guatemala nach Fulda...

Guatemala
Antigua 'Los Volcanes' s.h.b.
250 g 4,75 €
500 g 9,50 €

Äthiopien
Sidamo

Apropos Kaffee!
Wussten Sie, dass...

»»» in der Justizvollzugsanstalt Hünfeld der erste Kaffee »hinter Gittern« hergestellt wird? Die Gefangenen rösten, mahlen und verpacken den aus edlen Arabica-Bohnen gewonnenen Kaffee mit so wohlklingenden Namen wie Nabucco Gold, Espresso Napoli oder Gourmet Melange. Infos unter: www.jva-onlineshop.de

»»» das älteste Kaffeehaus der Welt sich in Venedig befindet? Floriano Francesconi eröffnete im Jahr 1720 am weltberühmten Markusplatz in Venedig sein »Alle Venezia Trionfante«, was soviel bedeutet wie »Triumphierendes Venedig«. Doch alle nannten und nennen das Café bis zum heutigen Tage nur »Café Florian«. Übrigens soll selbst Giacomo Casanova dort seinen Kaffee genossen haben.

»»» die Deutschen im Durchschnitt 160 Liter Kaffee im Jahr trinken, aber nur etwa 120 Liter Mineralwasser?

»»» zu einem echten Espresso exakt sieben Gramm Kaffeepulver gehören und sich danach 25 Milliliter in der Tasse befinden müssen?

»»» Kaffee glücklich macht? Das im Kaffee befindliche Koffein erhöht das Hormon Serotonin im Blut, das wiederum für die gute Laune verantwortlich ist.

»»» man in Italien einen Espresso bekommt, wenn man einen Kaffee bestellt?

»»» wir den Kaffee wahrscheinlich von den Ägyptern haben? Vor rund 1000 Jahren bemerkten Hirten, dass ihre Ziegen regelmäßig nachts verrückt spielten. So legten sie sich in der Dunkelheit auf die Lauer und fanden heraus, dass die Tiere von bestimmten Sträuchern fraßen und im Anschluss wie wild umhertollten. Die Hirten taten es ihren Tieren gleich und kosteten die Früchte, mit dem selben stimulierenden Effekt. Der Beginn einer weltweiten Erfolgsstory!

Rösterei Gecko – Kaffee und mehr
Kanalstraße 50 | 36037 Fulda
Telefon 0661.90190420

Öffnungszeiten:
Montag - Samstag
9.00 - 19.00 Uhr

www.gecko-fulda.de

Moschee

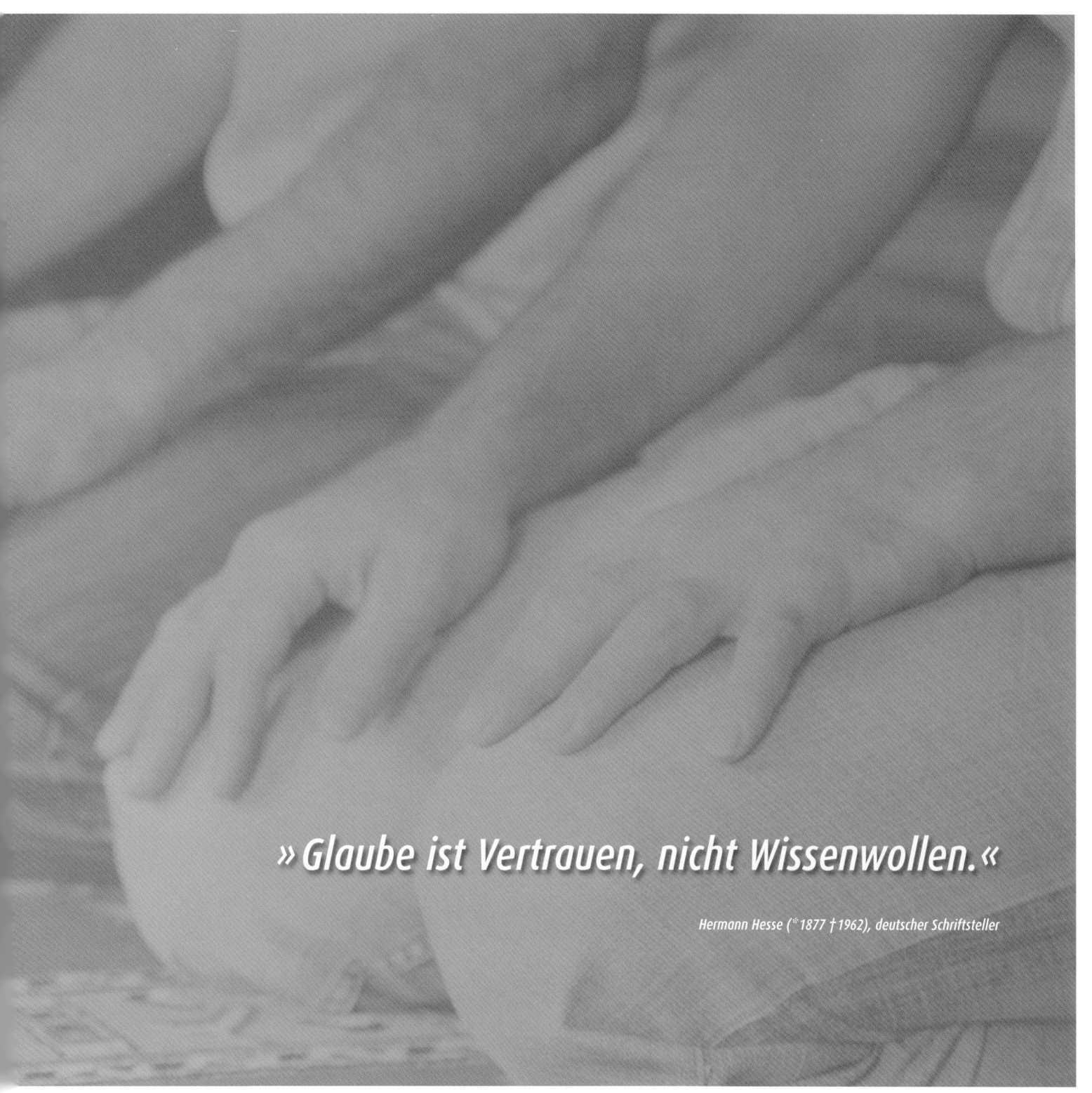

»*Glaube ist Vertrauen, nicht Wissenwollen.*«

Hermann Hesse (*1877 †1962), deutscher Schriftsteller

Geborgenheit
fern der Heimat

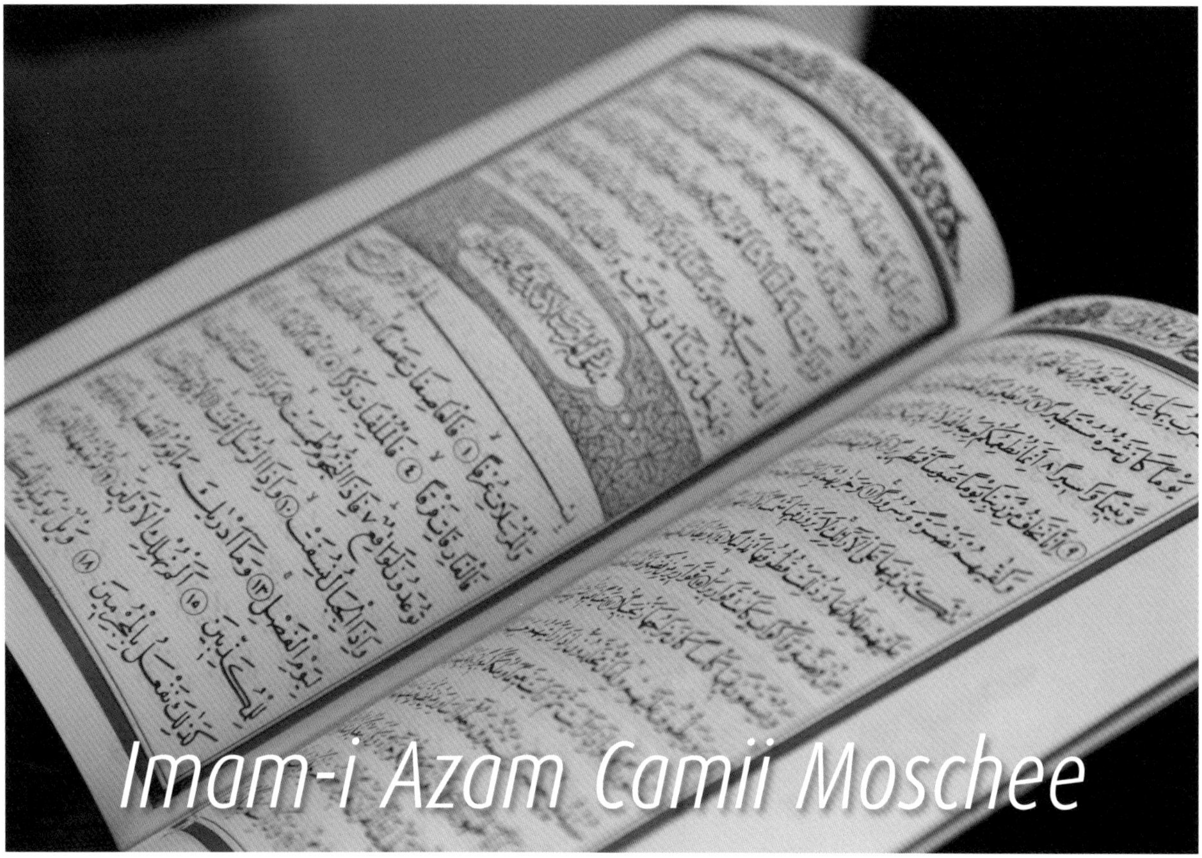

Imam-i Azam Camii Moschee

Sedat Ölcer

Mehr als ein Gebetshaus

„Merhaba!", werden wir freundlich von dem bärtigen Mann begrüßt, als wir den unscheinbaren Eingang des Hauses in der Ohmstraße 18 betreten. Sedat Ölcer kam vor über 30 Jahren nach Deutschland, und ungefähr genauso lange gibt es die Imam-i Azam Camii Moschee in Fulda. Mittlerweile ist sie ein fester Bestandteil der islamischen Bevölkerung der Region geworden.

„Es fehlte immer etwas ganz Wichtiges, als es die Moschee noch nicht gab. Ein gemeinsamer Ort, an dem man sich treffen und beten kann", betont Sedat Ölcer, der im alltäglichen Leben als Schichtarbeiter in einer Fabrik arbeitet. „Alles spielte sich zu Hause in den eigenen vier Wänden ab. Heute kommen zu den Feiertagsgebeten schon mal 500 Personen zusammen. Das stärkt nicht nur das Gemeinschaftsgefühl, sondern unterstützt auch einen der Hauptpunkte des Islam, der besagt, dass man sich sowohl im Gebet als auch in der Hilfe für andere nach Möglichkeit mit Gleichgesinnten zusammentun soll."

Doch nicht nur zu den Gebeten kommen die Menschen hierher. „Es ist mehr als nur ein Gebetshaus. Es ist ein Ort, an dem Freunde zusammentreffen und sich geborgen fühlen. Wir reden über alle möglichen Themen oder schauen zusammen Fußball im Fernsehen. Es ist ein Haus der Gemeinschaft. Schließlich wurde das Gebäude auch zu 90 Prozent aus Spenden finanziert und durch ehrenamtliche Arbeit renoviert."

Obwohl der Großteil der Gläubigen Türken sind, treffen sich auch Griechen, Kurden, Albaner, Bosnier, Ägypter, Marokkaner in der Moschee. Alles verläuft sehr friedlich und harmonisch. Sedat Ölcers Worte klingen ruhig und wohl überlegt. Sie erzeugen eine angenehme, gastfreundliche Stimmung, in der man sich auch als Christ willkommen fühlt. Und die Erklärung folgt auf dem Fuß.

Die Moschee steht allen offen

„Die Moschee steht allen offen. Nicht nur Muslimen. Wir haben daher ein Mal im Jahr einen Tag der offenen Moschee ins Leben gerufen und führen auf Wunsch auch immer wieder Schulklassen durch unsere Räume. Das ist für beide Seiten immer sehr interessant. Es baut Vorurteile ab, die leider durch Unwissenheit und die Medien entstehen, die den Islam allzu schnell in die Ecke des Terrorismus stellen. Das ist zwar schade, aber auch eine Chance. Nach dem 11. September war es zum Beispiel am Tag der offenen Tür so voll wie noch nie." Zurzeit ist Ramadan, und die Gebete werden noch intensiver verfolgt als sonst. Nach der rituellen Waschung vor dem Gebet gehen wir ein Stockwerk höher in den Gebetsraum, wo der

Muezzin bereits zum Mittagsgebet ruft. Es werden noch ein Abendgebet und ein Spätabendgebet folgen, bevor zum Sonnenaufgang erneut das Frühgebet gesprochen wird. Der große, helle Raum wirkt in seiner Schlichtheit klar und beruhigend. „Es soll nichts von der Konzentration auf das Gebet ablenken", erklärt Sedat Ölcer flüsternd und reiht sich in die Reihe der knienden Männer ein. Zum Abschluss winkt er uns zu. „Eyvallah – auf Wiedersehen. Und schauen Sie doch mal wieder rein, wenn Sie in der Nähe sind."

Das werden wir sicherlich und können es jedem nur ans Herz legen, dies auch zu tun.

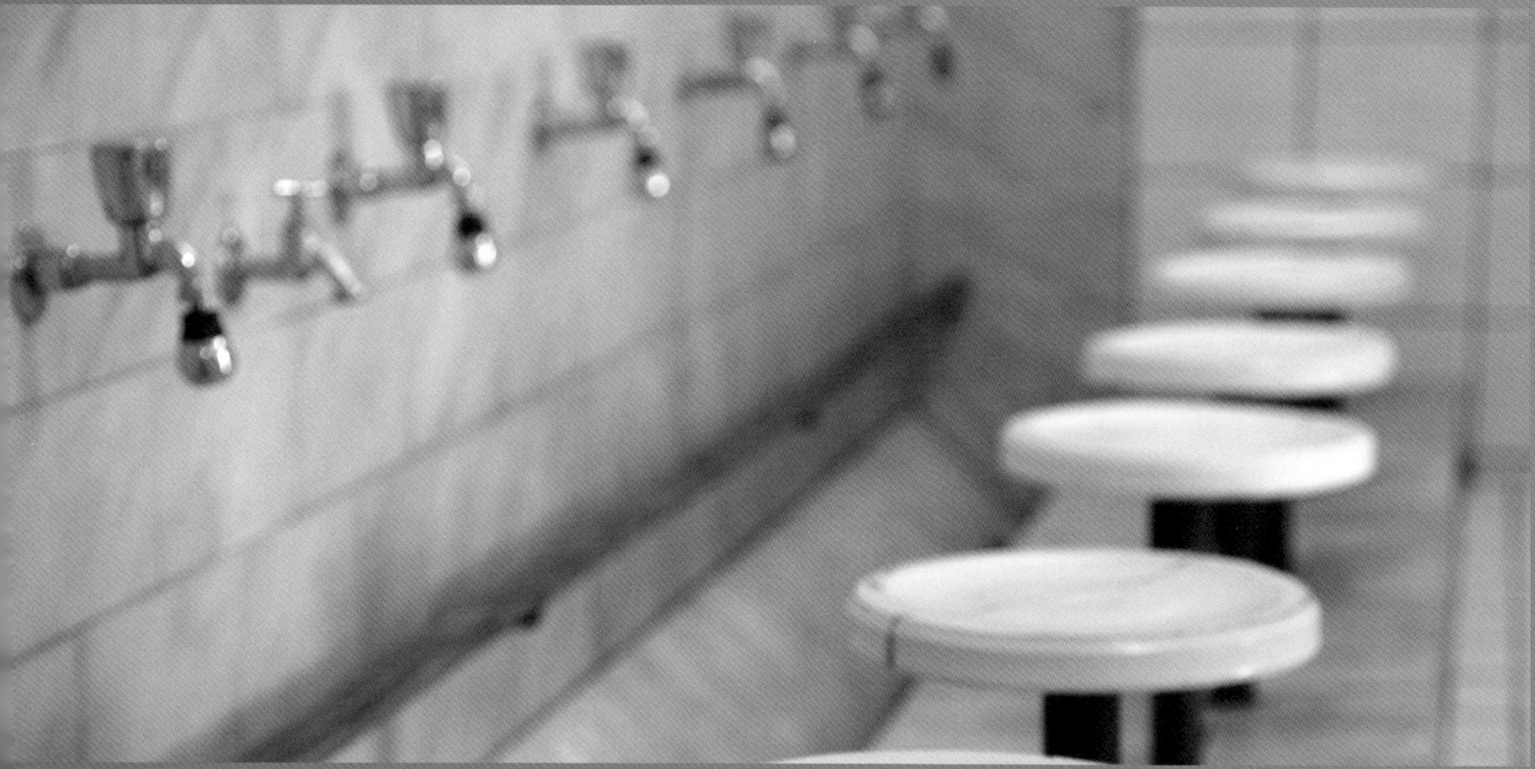

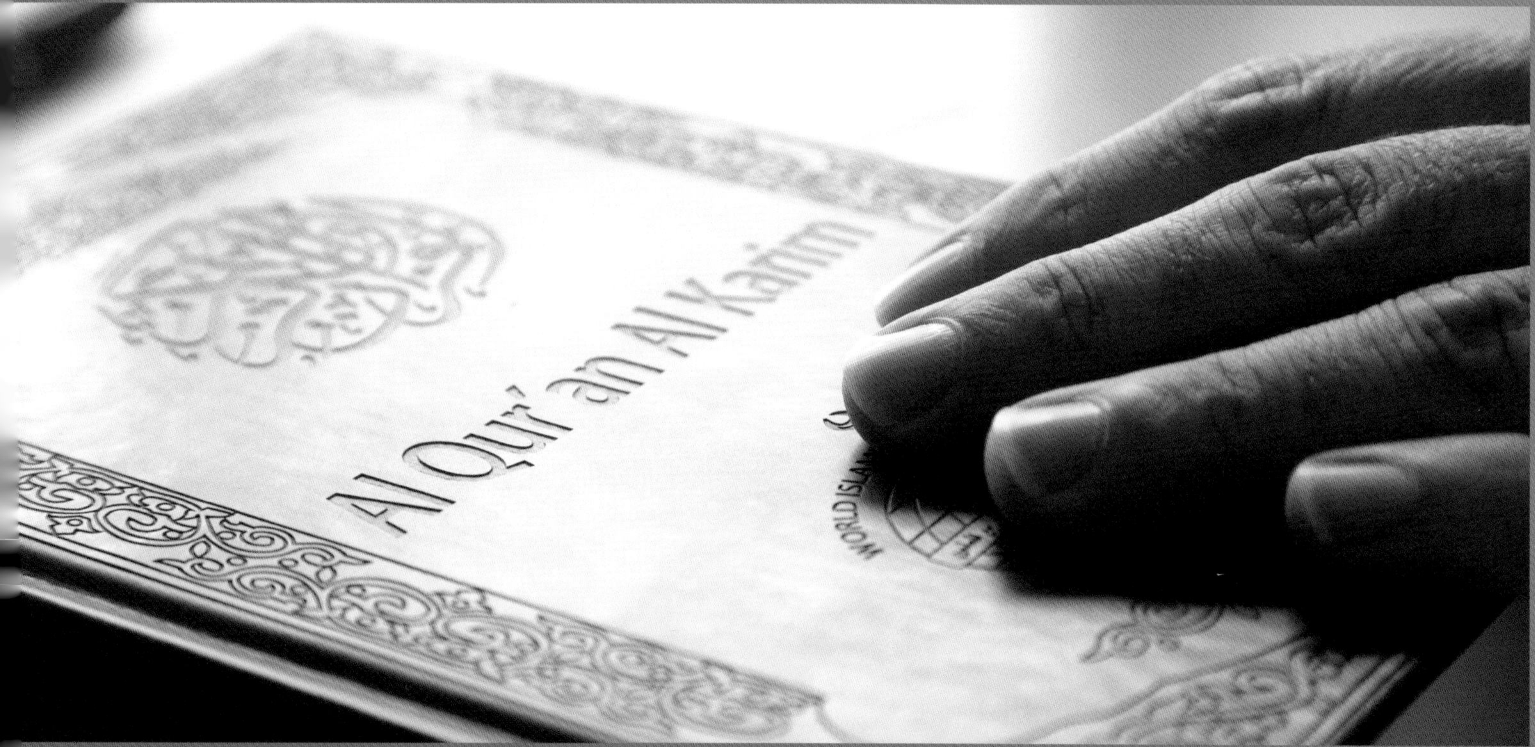
Al Qur'an Al Karim

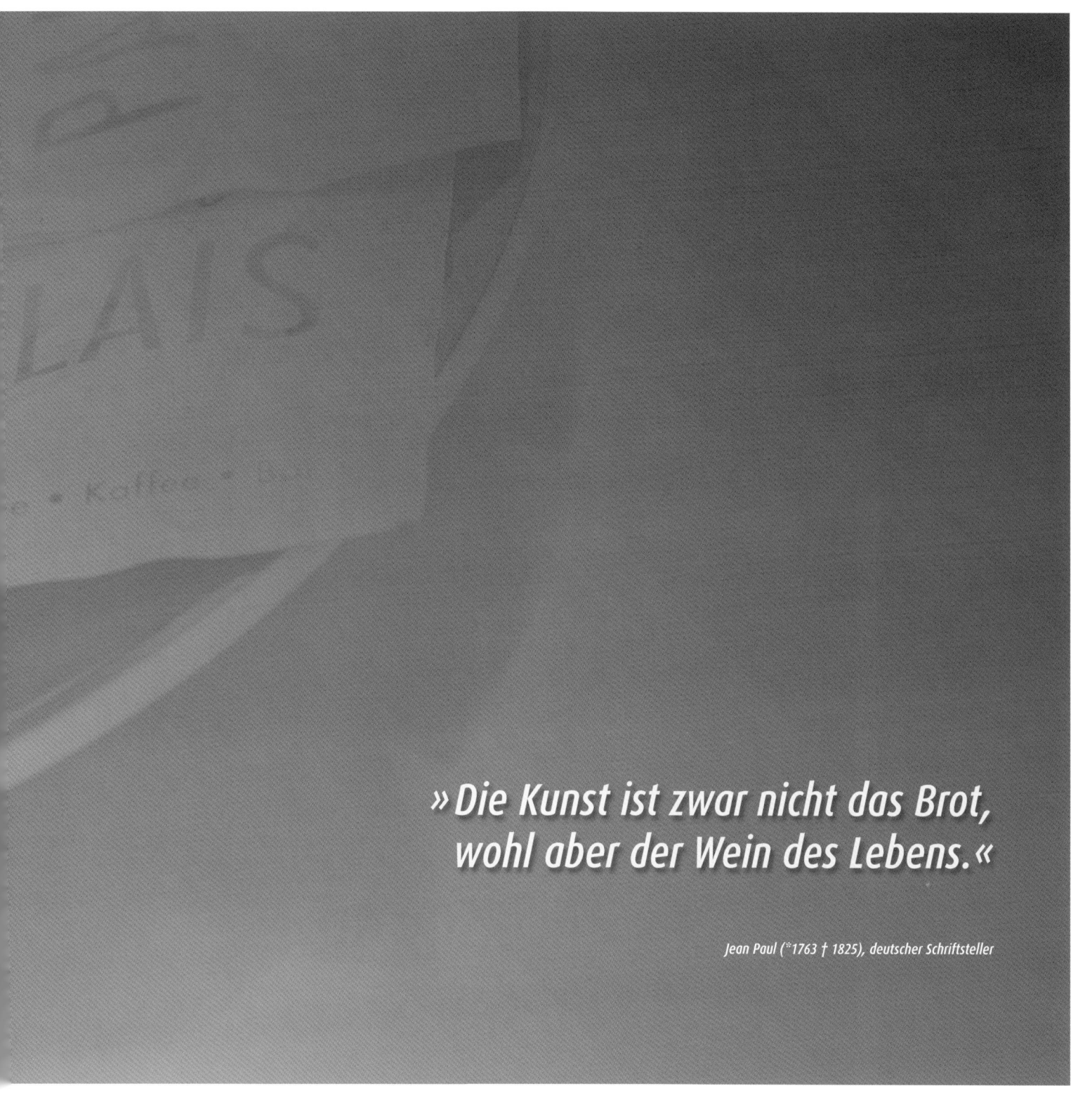

»Die Kunst ist zwar nicht das Brot,
wohl aber der Wein des Lebens.«

Jean Paul (*1763 † 1825), deutscher Schriftsteller

Große Bühnen und kleine Freuden

Café Palais

PALAIS

Eis • Crème • Kaffee • Bar

49

che Laufbahn. Von da an lernte Brussmann seinen Beruf von der Pike auf und studierte am renommierten Opernstudio des Wiener Konservatoriums. Unzählige Musicalfans auf der ganzen Welt sind dankbar dafür, dass das damalige Weihnachtsgeschenk so treffend gewählt war.

Einer der jüngeren Treffs in Fulda ist das 2001 entstandene Café Palais. Das im barocken Viertel, direkt neben dem Bonifatiusdenkmal beheimatete Café ist modern eingerichtet und bietet neben der üblichen Kaffeekarte leckere, frische Kuchen und Torten.

Seine Vita liest sich wie das who is who der großen Rollen

Er war der erste deutschsprachige Valejan in Les Miseables in Wien und erhielt dafür den Publikumspreis, er begeisterte als Pontius Pilatus bei Jesus Christ Superstar. Er gab nicht nur erneut den Valejan, sondern auch den Javert bei Les Miserables

Durch die unmittelbare Nähe zum Theater kommt es durchaus vor, dass man hier auch ab und an neben Stars von Show und Bühne sitzt

ebenso überzeugend wie den Peron in Evita. Er glänzte in der Hauptrolle der deutschsprachigen Uraufführung des Broadwaymusicals Cyrano und als Petruccione in Kiss me Kate. Und nicht zuletzt schlüpfte er bis dato bereits über 100 Mal in das Mönchsgewand des Märtyrers BONIFATIUS. Wenn man ihn jedoch fragt, ob es nicht langweilig oder ermüdend ist, jeden Abend für mehrere Wochen oder gar Monate die exakt gleiche Rolle zu spielen, erhält man eine typische Brussmann-Antwort. Dann werden Schlagwörter wie »Herausforderung an sich selbst« oder »Verantwortung gegenüber Zuschauern, der Show und den Kollegen« genannt. Im Gegensatz zu vielen anderen Prominenten aus der Showbranche nimmt man Brussmann diese Antworten aber ohne Einschränkungen ab. Er ist eben nicht nur ein begnadeter Sänger und Darsteller, sondern auch ein Gentleman der alten Schule.

Große Bühnen und kleine Freuden

Besonders die Darsteller des Fuldaer Erfolgsmusicals »BONIFATIUS« haben das Café fest auf ihren Tagesplan zwischen Proben und Aufführungen geschrieben. Auch der Hauptdarsteller und Publikumsliebling Reinhard Brussmann weiß diese Annehmlichkeit zu schätzen. Beim Treffen auf der Sommerterrasse des Palais` begrüßt uns der gebürtige Wiener so, wie man ihn kennt: höflich und galant.

In Zeiten von Castingshows, schnellem Aufgehen und noch schnellerem Verblassen von Popsternchen ist Brussmann eine angenehm ruhige und unaufgeregte Erscheinung. Eben ein Künstler der alten Schule. Dabei wollte er eigentlich nie Künstler oder sogar Sänger werden. Sein erstes Geld verdiente er sich daher als Hilfsarbeiter bei der Post, als Bedienung, Buchhalter und sogar als Reitlehrer. Vielleicht sind genau diese Jahre der Grund dafür, warum er trotz allem Erfolg so bodenständig scheint. Erst als er mit bereits 22 Jahren von seiner damaligen Schwiegermutter zu Weihnachten zehn Gesangsstunden geschenkt bekam, begann seine erfolgrei-

> *Café Palais | Bonifatiusplatz 1 | 36041 Fulda*
> *Öffnungszeiten: Mo - Fr 9 - 24 | Sa 15 - 24 | So 09:30 - 23 Uhr*
> *Das Palais ist oft erste Anlaufstelle der Touristen nach Besuch der barocken Sehenswürdigkeiten. Bei leckerem Kaffee und Kuchen hat sich hier so mancher Gast schon dazu verleiten lassen, länger zu verweilen, als ursprünglich geplant war.*

Frage: Herr Brussmann, Sie sind auf den großen Bühnen der Welt zu Hause. Hat eine Kleinstadt wie Fulda etwas zu bieten, was Wien, London oder Berlin vielleicht nicht haben?

Brussmann: »Für mich sind Qualität und Niveau wichtiger als 500 Zuschauer mehr im Publikum. Gerade in kleinen Häusern wie hier in Fulda entsteht allein räumlich eine so intime Atmosphäre, dass man im wahrsten Sinne des Wortes die Emotionen hautnah erleben kann. Und zwar auf beiden Seiten des Vorhangs. Wobei es natürlich auch toll ist, vor großem Publikum auftreten zu dürfen. Ich erinnere mich da an einen Auftritt im ausverkauften Wembleystadion vor dem Finale der damaligen Fußballeuropameisterschaft. Ein Wahnsinnserlebnis. Außerdem habe ich den Deutschen da ja Glück gebracht.«

Brussmann lacht und zieht genüsslich an seiner Zigarette.

Starallüren scheinen Ihnen fremd.

»Es liegt mir einfach fern, mich in den Vordergrund zu drängen. Und all die Jahre, die ich jetzt schon in diesem Business arbeite, haben mir gezeigt, dass ein wenig Bescheidenheit besser ist, als all die Schulterklopfer stets ernst zu nehmen. Das heißt aber nicht, dass ich mich nicht über Lob freue. Eines der beeindruckendsten Erlebnisse war da sicherlich, als mich Bischof Algermissen nach einer Vorstellung ansprach und sagte, dass er sich jetzt vorstellen könne wie Bonifatius war. Das hat mich sehr stolz gemacht.«

Wie wichtig sind dann Orte wie dieser, an denen man zwischen den einzelnen Shows durchatmen kann?

»Sehr wichtig. Die Akkus sind schnell leer, wenn man nicht aufpasst. Seien es kurze Spaziergänge im Schlosspark, ein Kaffee auf der Sonnenterrasse oder ein paar Stunden in der Rhön. Die kurzen Wege hier in Fulda sind perfekt dafür. Man ist schnell draußen in der Natur, um Nachdenken und Durchatmen zu können. Das ist in einer Großstadt einfach nicht möglich.«

Was zeichnet für Sie ein gutes Café aus?

»Als Wiener bin ich da natürlich verwöhnt. Immer wenn ich dort oder in einer neuen Stadt bin, führt stets ein Weg in eines der Caféhäuser. Aber nicht nur des Kaffeetrinkens wegen. Ich mag es, die Menschen zu beobachten, sie zu studieren. Für die Rolle des Cyrano war es zum Beispiel nötig, eine Person zu spielen, die vom jungen Mann bis zum Greis reicht. Um die Rolle zu erarbeiten, habe ich mich tagelang in Cafés gesetzt und Männer jeglichen Alters studiert. Wo liegen die Unterschiede? In der Bewegung. Im Tempo. In der Gestik. Ein Café ist wie ein Mikrokosmos unserer Gesellschaft und prädestiniert für solche Studien.«

Nur noch eine abschließende Frage. Kennen Sie als gebürtiger Wiener die Zutaten für eine echte Wiener Melange?

»Natürlich. Schon als kleiner Junge hat meine Großmutter ihr Spezialrezept an uns ausprobiert. Aber deren Melange war so stark, dass der Löffel darin stecken geblieben ist.«

Reinhard Brussmann, Musicaldarsteller

Grüne Oase

» *In der Wahl seiner Eltern*
kann man nicht vorsichtig genug sein. «

Paul Watzlawick (* 1921 † 2007), amerikanischer Psychiater österreichischer Herkunft

An einem
Strang ziehen

Fuldaauen

Luna, Kai, Sina und Andrea

An einem Strang ziehen

Wer Kinder hat, kennt das Frage-Antwortspiel, das anscheinend immer wieder vor jedem Ausflug gespielt werden muss: Waren Sina und Luna auf Toilette? Hast du ein Taschentuch eingesteckt? Wo ist deine Jacke? – Es soll ja schließlich erst zum Mittag hin wärmer werden. Und jetzt hat Sina auch noch einen Mückenstich an ihrem linken Zeigefinger entdeckt, der furchtbar juckt.

„Nicht kratzen, Sina, dann wird es nur noch schlimmer", erklärt ihr Mutter Andrea und packt die Siebenjährige dazu in den Kindersitz.

Der 38-jährige Familienvater Kai kümmert sich derweil um den jüngsten Spross der Familie, die zweijährige Luna. Als auch sie gut eingepackt ihren Platz eingenommen hat, sitzt die Familie schließlich abfahrtbereit im Auto. Kai lenkt den Wagen in Richtung Johannisau.

„Wenn wir ins Grüne wollen, fahren wir dort gerne mal hin und gehen eine Runde spazieren."

„Ja, nur ist das mit Kindern immer so eine Sache", weiß Andrea von vielen vergangenen Ausflügen, „da überlegt man sich zwei Mal, ob man auch wirklich alles hat, bevor man wieder umkehren muss."

Allerdings zeigen sich sowohl Sina als auch Luna heute als perfekte Ausflugskinder. Keine Quengelei, keine Schreierei... wenn nur dieser juckende Stich nicht wäre.

Spontan raus in die Natur

Kai parkt unweit des Feuerwehrmuseums, und die Familie geht die wenigen Schritte zum Wasserspielplatz auf dem ehemaligen Landesgartenschaugelände. „Das ist von unserem zu Hause in Haimbach nicht so weit weg, und man kann daher auch mal spontan für eine Stunde hin."

Die erste Station ist ein Floß, das dort an einem kleinen Weiher liegt und mit dem man mit Hilfe von etwas Muskelkraft über die Wasseroberfläche gleiten kann. Und hier zeigt sich, was diese Familie auszuzeichnen scheint: Alle ziehen an einem Strang.

Selbst die kleine Luna gibt ihr Möglichstes, um trockenen Fußes am anderen Ende von Bord gehen zu können.

Piekende Füße

Nach einer kurzen Pause auf der Wiese, mit Kitzelattacken auf die Kinder, ist es mittlerweile auch richtig warm geworden und Kai hat eine tolle Idee: der Barfußpfad!

Dieser ist nur einen Katzensprung entfernt und lädt ein zu einem Rundkurs über verschiedene Untergründe. Schnell hat man sich der Schuhe und Socken entledigt und geht die ersten Schritte über das ungewöhnliche Geläuf. Das piekt etwas

an den Fußsohlen und lässt die beiden Mädchen laut quieken, als sie gerade einige Schritte über Tannenzapfen gehen.

Auch Andrea traut dem Pfad nicht recht und schaut sich das Ganze schnell wieder von der sicheren Bank aus an. Dennoch hat die zweifache Mutter sichtlich Spaß an dem Ausflug. „Seit ich mich mit meinem Friseursalon – Kopfsache – selbstständig gemacht habe, sind solche Ausflüge leider nicht unbedingt mehr geworden."

Und auch dabei zeigt sich, wie die Familie an einem Strang zieht. Wenn Kai, der als Elektromeister angestellt ist, von der

Arbeit kommt, übernimmt er die häuslichen Aufgaben und die Kinder, während Andrea ihre Friseurtermine hat.

„Das ist doch gar kein Thema. Andrea hält mir auch oft genug den Rücken frei, wenn ich zum Beispiel meinem Hobby als DJ nachgehe und irgendwo auflegen muss."

Als es später wieder nach Hause geht, ist Luna bereits nach wenigen Minuten eingeschlafen, was man ihr nach zwei Stunden an der frischen Luft auch nicht verübeln kann. Sina wackelt derweil an einem ihrer lockeren Milchzähne und winkt lächelnd, als wir uns von ihr verabschieden. Ach ja, bei all den tollen Erlebnissen hat sie nicht ein einziges Mal mehr an ihrem Stich gekratzt...

Nostalgisches

»Meine Welt ist voller Klang, voll Musik und voll Gesang.
Die Stimme ist mein Instrument, das überrascht,
obwohl man's kennt, denn sie kann malen, colorieren,
klingend locken und verführen.«

Ina-Griet Raatz-von Hirschhausen (deutsch-canadische Künstlerin)

Palais Buseck

Von Kopf
bis Fuß
auf Musik
eingestellt

Sabine Heil alias Marleen

Von Kopf bis Fuß auf Musik eingestellt

Ihr Kapital: eine tiefe, warme, leicht verruchte Stimme. Ihre Markenzeichen: breitkrempiger Hut, Trenchcoat, onduliertes Haar und rote, volle Lippen. Ihre Leidenschaft: Chansons. Ihre Zeit: die 20er Jahre. Gemeint ist nicht Marlene Dietrich. Die Rede ist vielmehr von der Fuldaerin Sabine Heil.

Dennoch: Die Parallelen der beiden „Femmes fatales" sind verblüffend – äußerlich und stimmlich. Kein Wunder, dass Sabine Heil ihre Passion zum Beruf gemacht hat – und als „Marleen" in ihrem Bühnenprogramm „Cinema Nostalgica" auf eine Zeitreise in die goldenen Jahre des letzten Jahrhunderts entführt. Sogar als Double der weltberühmten Filmdiva hat sie bereits gearbeitet.

Privat steht die gebürtige Marbacherin als Sinnbild für die moderne, starke Frau und schafft damit eine weitere Parallele zur Stil-Ikone der Vorkriegsjahre: Sie ist alleinerziehende Mutter – ihr Sohn Simon ist bereits aus dem Haus und studiert,

Töchterchen Marie ist gerade in die Schule gekommen. Darüber hinaus ist Sabine Heil seit Jahren nicht nur erfolgreich als Sängerin, sondern ebenso als Moderatorin und Sprecherin, schafft scheinbar mühelos den Spagat zwischen Beruf und Familie – auch ohne geregelten 8-Stunden-Arbeitstag. Wie das geht? Sabine Heil hat zwei Geheimtipps. Nummer 1: „Mal Fünf gerade sein lassen! Wenn in der Wohnung nichts liegen bleiben dürfte – Bügelwäsche zum Beispiel – hätte ich keine Zeit mehr zum Schlafen." Nummer 2: „Regelmäßige

Auszeiten schaffen. Dann lege ich mich mit einem guten Buch in die Badewanne, treffe mich mit Freunden in der Kneipe oder bin draußen in der Natur unterwegs. Einfach nur wie hier im Garten des Palais Buseck auf einer Wiese liegen, die Ruhe genießen und in den Himmel schauen – dabei kann ich prima abschalten."

Ein weiterer ihrer Lieblingsplätze ist daher ihr eigener Garten. „Hier habe ich tatsächlich mit Anfang 40 noch meinen grünen Daumen entdeckt. Das Gießen der Pflanzen am Abend ist für mich inzwischen zum Entspannungsritual geworden", erzählt die charismatische Sängerin, die ihre Bühnenlaufbahn schon mit 13 Jahren begonnen und ihre erste Langspielplatte im Alter von 16 aufgenommen hat. Inzwischen hat sie bereits mit echten Größen der Showbranche auf einer Bühne gestanden – darunter Udo Jürgens, Chris de Burgh und Xavier Naidoo.

Doch damit nicht genug: Als Sprecherin für Werbejingles und Hörspiele kennt man sie ebenso aus dem Radio. Als Nachfolgerin von Jennifer Rush war sie zum Beispiel die Stimme in der Daewoo-Werbung, sang Trailer für Fanta, Milka-Kekse oder Marlboro und nahm Jingles für Hit Radio FFH und Planet Radio auf. Aktuell ist gerade das Hörspiel „Maxinoto und Leon" rausgekommen, für das Sabine Heil die Hauptrolle des kleinen Dinosauriers Maxinoto eingesprochen und gleichzeitig den Titelsong „Freunde für immer" aufgenommen hat. „Ein tolles Projekt und für mich als Mutter eine ganz neue Erfahrung. Diesen Bereich möchte ich unbedingt noch ausbauen. Ich würde zum Beispiel gerne mal für die Sendung mit der Maus arbeiten."

Ich konnte schon als Baby schön schreien

So bekannt zu werden wie Marlene Dietrich – das dagegen wollte sie nie. „Dafür liebe ich mein Privatleben zu sehr. Und im Prinzip trete ich vor jedem Publikum gerne auf – vor 50 Leuten in einem Club, bei privaten Geburtstagen oder vor einem Millionen-Publikum wie 1999, als ich das Chris-Rea-Cover ‚On the beach' bei ‚The Dome' präsentiert habe. Wichtig ist, dass ich die Menschen mit meiner Stimme erreiche." Dass ihr das gelingt, war bereits früh klar: „Ich kam auf die Welt und konnte schon schön schreien", sagt sie mit einem verschmitzten Lächeln.

Ein verwunschener Garten à la „Notting Hill" im Palais Buseck

Das Stift Wallenstein am Fuldaer Bonifatiusplatz war eigentlich ein evangelisches Frauenstift. Gräfin Maria Amalia von Schlitz, geborene von Wallenstein, hatte 1759 in ihrem Testament das Stift als Versorgungseinrichtung für gräfliche und adlige Frauen in Homberg (Efze) gestiftet. Das Stift wurde 1830 nach Fulda verlegt. Zwei Jahre später erwarb das Stift dort das 1732 von Baumeister Andrea Gallasini im Barockviertel zwischen Dom und Schloss errichtete Palais Buseck. Im 19. Jahrhundert war das Stift Zentrum der evangelischen Kirchengemeinde. Da die Gemeinde bis zum Bau der Christuskirche (1896) keine eigenen Räume hatte, stellten die Stiftsdamen diese zur Verfügung. So entstand auf deren Initiative 1887 auf ihrem Gelände eine „Kleinkinderbewahranstalt", Vorläufer des heutigen Evangelischen Kindergartens der Christuskirche. Ebenso wurde 1897 eine Diakonissenstation auf ihrem Gelände errichtet. Bis die evangelische Kirchengemeinde 1910 ein eigenes Gemeindehaus erhielt (heute Evangelisches Zentrum „Haus Oranien"), konnte auch der Kirchenchor in den Räumen des Stifts üben. 1992 wurde das ehemals selbstständige Stift Wallenstein mit der Althessischen Ritterschaft verschmolzen. Die letzte Stiftsdame verließ 2006 das barocke Gebäude. Bereits seit 2004 hat der Architekt Stephan Koch sich im „Roten Saal"mit seinem Team etabliert und den Umbeziehungsweise Rückbau und die überfällige Sanierung begleitet. Zusätzlich sind drei private Wohnungen im Palais untervermietet.

Palais Buseck
am Bonifatiusplatz

www.die-marleen.de

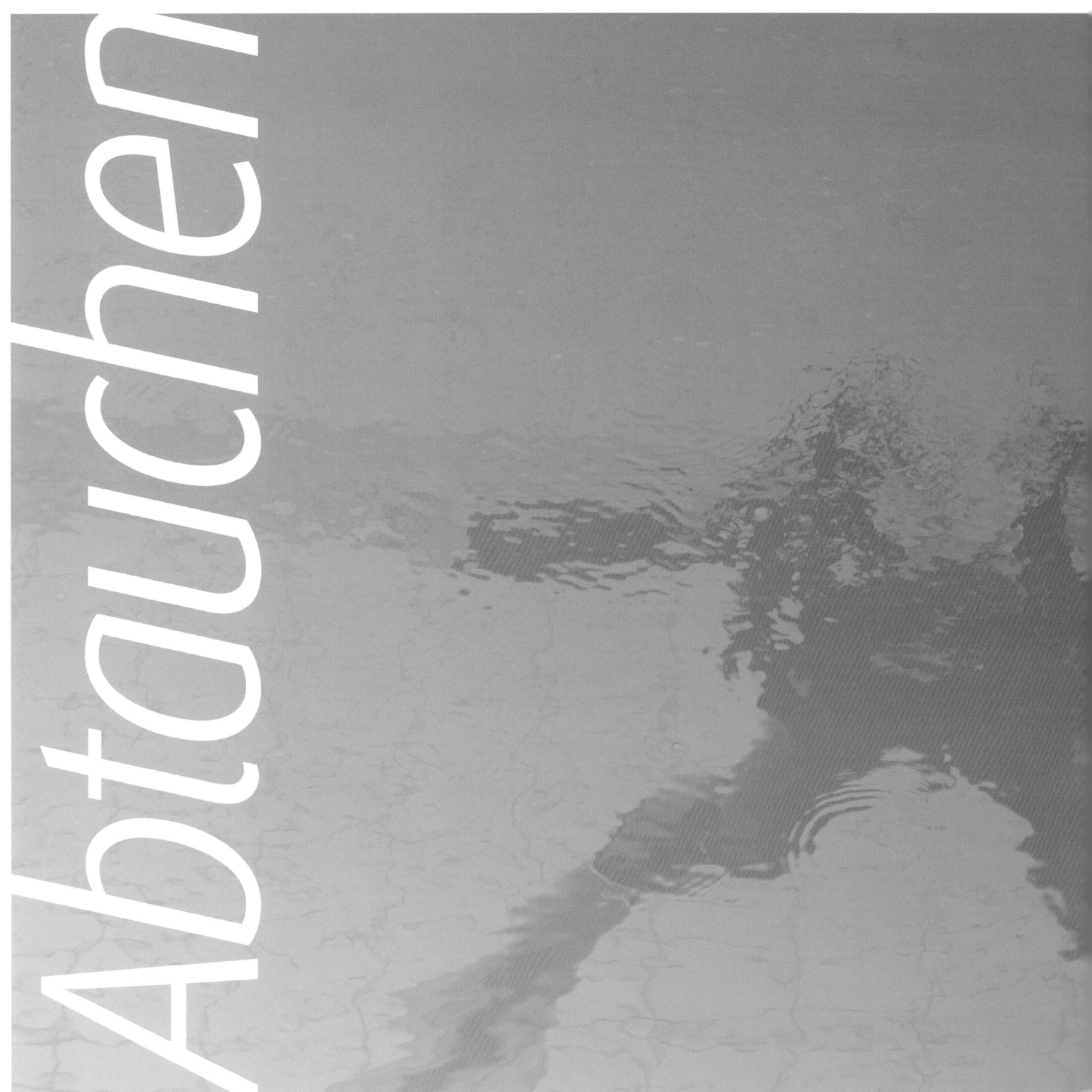

Abtauchen

»Das Meer ist alles. Sein Atem ist rein und gesund.
Es ist eine immense Wüste, wo ein Mann nie alleine ist,
in der er fühlen kann, wie das Leben aller in ihm bebt.
Das Meer ist nicht nur Bewegung und Liebe;
es ist die lebende Unendlichkeit.«

Jules Verne (Quelle: „20.000 Meilen unter dem Meer")

Je Meer, desto besser

Wasser

Thomas Baum

Je Meer, desto besser

Der Lieblingsort von Thomas Baum ist vielmehr eine ganze Welt. Dort herrscht völlige Ruhe – kein Handy klingelt, niemand will etwas. Man kann mit unendlicher Leichtigkeit dahingleiten, schwerelos schweben, und dabei Staunen über atembe-raubende Farbenspiele und wundersame Wesen – vom anmutigen Seepferdchen bis hin zum majestätischen Manta. Wenn Thomas Baum also abtaucht aus dem Alltag, dann ist das in diesem Fall absolut wörtlich zu nehmen. Der 43-Jährige ist leidenschaftlicher Sporttaucher und hat inzwischen sein Hobby zum Beruf gemacht.

Zweites Zuhause: Unterwasserwelt

„Ich war schon immer eine Wasserratte. Vielleicht liegt das an meinem Sternzeichen Krebs und sicherlich ebenso an meiner Familie. Mit meinem Vater, meiner Mutter und meinem Bruder habe ich von klein auf die Begeisterung für das Meer geteilt."

Geboren ist Thomas Baum in Fulda. Als Kind hat er aber auch fünf Jahre an der Ostsee gelebt. „Wann immer Zeit war, sind wir am Strand gewesen. Zwar durfte ich damals aufgrund meines Alters nur Schnorcheln, aber mir war immer klar – irgendwann möchte ich tauchen." Bald nach der Rückkehr in die Domstadt habe er dann auch seinen ersten Tauchschein absolviert. Vollends gepackt hat es ihn schließlich nach seinem ersten Tauchgang im Meer, 1984 in Kroatien. „Tauchen ist für mich alles – Entspannung, Sport, Urlaub, Vertrauen – in mich selbst, meine Mit-Taucher, Selbsterfahrung. Jedesmal

wenn ich unter Wasser bin, macht es Klick und sämtlicher Stress, alle Sorgen sind weit weg." Gefühlt hat Thomas Baum mehr Zeit seines Lebens unter Wasser als an Land verbracht, und selbstverständlich sind auch alle Reisen dem Tauchen gewidmet.

Rendezvous im Tauchkurs

Was sagen denn Ehefrau Annegret (38) und Töchterchen Regina-Noel (6) dazu? Thomas Baum lacht: „Da habe ich Glück. Meine Frau habe ich übers Tauchen kennengelernt. Sie hat sich in mich verliebt, als sie einen meiner Kurse besucht hat – und mir ging es ganz genauso. Inzwischen ist sie selbst Tauchlehrerin. Zwar ist unsere Tochter noch zu klein zum Tauchen, möchte es aber jetzt schon lernen, und Schnorcheln geht ja schließlich auch."

Längst hat Thomas Baum sämtliche Kurse – national und international – im Tauchsportbereich absolviert und hält inzwischen das höchste Amt inne, das ein Tauchlehrer haben kann: Als PADI* Platin Course Director ist er der Ausbilder der zukünftigen Ausbilder und gibt seine langjährige Erfahrung an andere Tauchbegeisterte weiter, die sich zum Beispiel mit einer Tauchschule selbstständig machen möchten. Denn Thomas Baum hat dies selbst bereits vor Jahren erfolgreich geschafft: Er ist Geschäftsführer eines florierenden Unternehmens: „Fuldas Tauchertreff / Dive King".

„Ganz untypisch für unsere Branche, in der meist ein Tauchlehrer mit einer Hilfskraft eine Schule alleine betreibt, beschäftigen wir mittlerweile acht Mitarbeiter, aktuell haben wir sogar den ersten Auszubildenden", betont der Familienvater mit sichtlichem Stolz.

Doch damit nicht genug – 2005 gründete er das Premium Partner Netzwerk „Dive King", mit dem er in der Ausbildung der Ausbilder deutschland- und europaweit an der Spitze

steht und bis heute über 1250 Tauchlehrer und Tauch-schulen betreut. Weiterhin betreibt er einen der weltweit größten Internet-Versandhandel für Tauchsport-Utensilien: den Online-Shop „Dive King". Die Zentrale in Fulda-Neu-enberg auf über 1000 Quadratmetern Fläche beinhaltet neben dem Dive-Center auch eine eigene Reiseabteilung, eine Service- und Reparaturwerkstatt und ein Klubheim für die mehr als 200 „VIP"-Mitglieder.

Astronauten-Schulung unter Wasser

Das absolute i-Tüpfelchen: Thomas Baum hat das beson-dere Privileg, sogar Astronauten im ESA Becken in Köln auszubilden – auf einem Gelände, auf dem höchste Sicherheitsstufen gelten und kaum jemand überhaupt Zu-tritt erhält. „Wir simulieren unter Wasser die Arbeit im All in der Schwerelosigkeit. Das hat allerdings nur noch wenig mit Sport zu tun, sondern ist harte körperliche Arbeit." Dazu werden den Astronauten auf deren Trockenanzug noch zusätzlich schwere Bleigewichte montiert, mit denen sie dann Arbeiten nach einem ganz exakten Zeitplan aus-führen müssen. „Diese Ausbildung dient dem knallharten Aussieben. Wer hier nicht zu 100 Prozent punktet, muss gehen. Schließlich dürfen im All keine Fehler mehr pas-sieren."
Bleibt denn bei all diesen Aufgaben überhaupt noch Zeit für Privates? „Ja, denn für mich steht nach wie vor die Fa-milie an allererster Stelle. Jaques Cousteau hat mal gesagt: ‚Tauchen ist nicht nur ein Sport, sondern eine Art zu leben.' Das trifft auch für mich zu und zum Glück teilt dies meine Familie."

*PADI: **P**rofessional **A**ssociation of **D**iving **I**nstructors

Fuldas Tauchertreff
PADI Career Development Center
Neuenberger Straße 30
36041 Fulda

www.fuldas-tauchertreff.de

>> Die Kunst ist zwar nicht das Brot,
wohl aber der Wein des Lebens. <<

Jean Paul (*1763 †1825), deutscher Schriftsteller

Kleine Fluchten

RED CORRIDOR Gallery

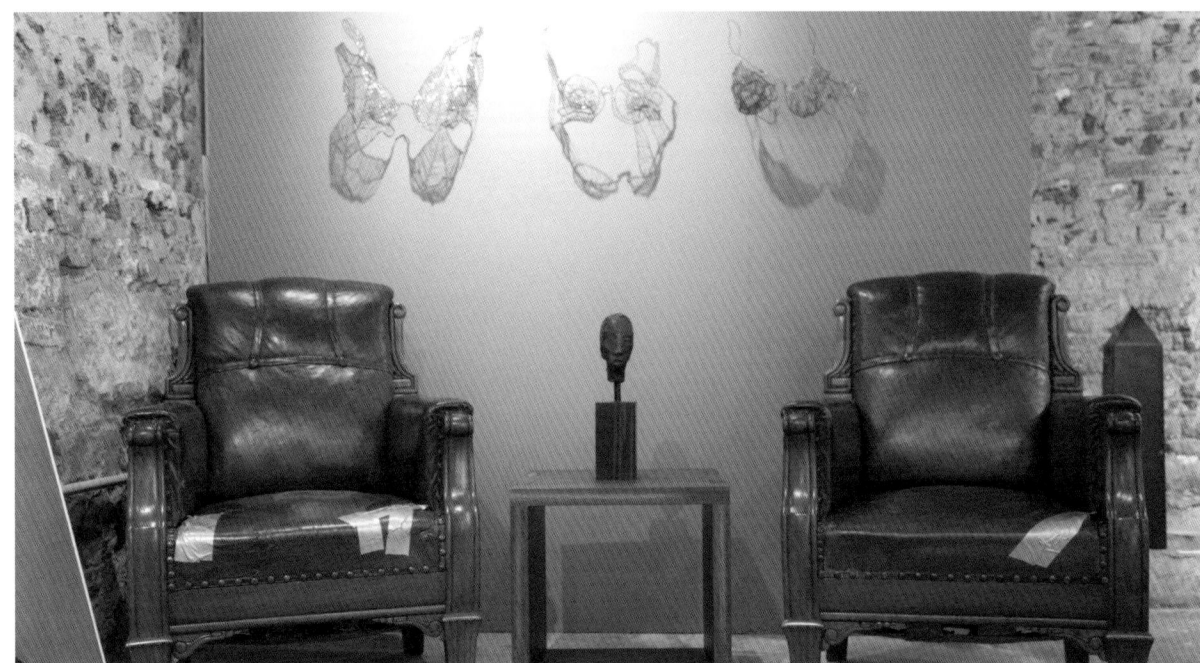

Joanna Skurska und Leszek Skurski

Kleine Fluchten

Rot. Die Signalfarbe steht für Gefahr, aber auch für Liebe und Wärme. Alles Faktoren, die man in den Kunstwerken der RED CORRIDOR Gallery wieder entdecken kann. In der Löherstraße 19, inmitten der hektischen Innenstadt haben sich Künstler zusammengefunden und diese inspirative Oase der Kunst ins Leben gerufen.

Seit 2006 stellen hier unter anderem die Künstler Joanna Skurska und Leszek Skurski ihre Skulpturen und Gemälde aus. Die beiden gebürtigen Polen kamen vor elf Jahren über den Kontakt ihres Kollegen Rudi Neuland nach Fulda, der zusammen mit Anna Will ebenfalls Mitbegründer der Galerie ist.

„Uns hat Fulda von Anfang an gefallen und in den Bann gezogen. Alles war so süß, nett und sauber", lacht Joanna heute über ihre ersten Eindrücke der Barockstadt. „Aber wir wollten natürlich auch den Menschen unsere Kunst näher bringen und suchten daher einen passenden Raum."

Eine kleine Flucht aus dem Alltag

„Er sollte so zentral liegen, dass jeder Fußgänger die Möglichkeit hat, einfach kurz mal hinein zu schauen. Das hier ist für viele wie eine kleine Flucht aus dem Alltag", ergänzt Leszek, dessen Augen während seiner Ausführung nicht ohne stolz durch den Raum wandern.

Auf die Frage, ob Fulda grundsätzlich nicht ein schwieriges Pflaster für Kunst und Kunstbildende sei, schüttelt er hingegen nur den Kopf. „Ein Vorteil des Fremdseins ist es ja auch, dass man Dinge völlig frei von Vorurteilen sieht. Wir wussten zunächst nicht, wie offen oder verschlossen die Menschen hier gegenüber unserer Kunst sind, und es war uns, ehrlich gesagt, auch nicht so wichtig. Wir hatten und haben einfach Spaß an dem, was wir tun. Und selbst wenn es ein so schwieriges Pflaster gewesen wäre, sehen wir es als Herausforderung und ändern das eben."

Dass sie sich dabei auf einem guten Weg befinden, zeigt die Tatsache, dass immer mehr Fuldaer den Weg in die loftartige Hinterhofgalerie finden.

„Anfänglich verkauften wir unsere Kunstwerke zum Großteil ins europäische Ausland, aber in den letzten Monaten erkennt man einen deutlichen Trend, dass der Anteil von Kunden aus der hiesigen Region immer größer wird."

Südafrika, Miami oder Los Angeles: Kunst aus Fulda steht hoch im Kurs

Die Werke der beiden kann man aber nicht nur in der Löherstraße bewundern, sie stellen in Galerien auf der ganzen Welt aus. Egal ob Südafrika, Miami oder Los Angeles. Kunst aus Fulda steht hoch im Kurs. Während Leszek Skurski hauptsächlich lebende Wesen auf seinen Gemälden darstellt, die sich in imaginären, stark reduziert wirkenden Räumen bewegen, steht bei Joanna meist die Frau im Zentrum ihres Schaffens. Sowohl bei ihren Drahtskulpturen als auch ihren Gemälden beleuchtet sie dabei die Vielschichtigkeit des Femininen. Ihre Andersartigkeit, aber auch ihre oftmalige Zerrissenheit.

Beide Künstler schaffen es, mit ihrer individuellen Handschrift auf einzigartige Weise ihre Werke erzählen zu lassen und dem Betrachter einen eigenen Raum der Interpretation zu gewähren. Schauen Sie doch einfach mal während eines

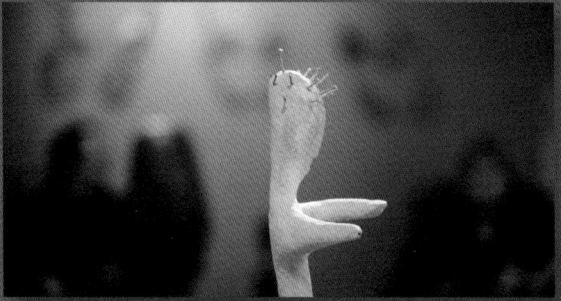

Stadtbummels rein und verschaffen Sie sich einen eigenen Eindruck. Und für diejenigen, die sich nicht gleich zum Kauf eines Kunstwerks entschließen können, haben sich die beiden etwas ganz Besonderes ausgedacht.

Kunst zum Mieten

„Wir vermieten unsere Kunst. Für sechs Prozent des Kaufwerts kann man sich ein Kunstwerk sechs Monate lang zu Hause aufstellen und es erst einmal auf sich wirken lassen."
Eine Frage muss natürlich zum Ende unseres Besuchs noch gestellt werden. Die Frage nach der Lieblingsfarbe beantworten beide standesgemäß und unisono: „Rot."

RED CORRIDOR Gallery
36037 Fulda | Löherstraße 19
Telefon (06 61) 8 62 01 05 | Fax (06 61) 9 34 14 46

Öffnungszeiten:
Dienstag - Freitag 14 bis 18 Uhr | Samstag 11 bis 16 Uhr

www.redcorridor.com

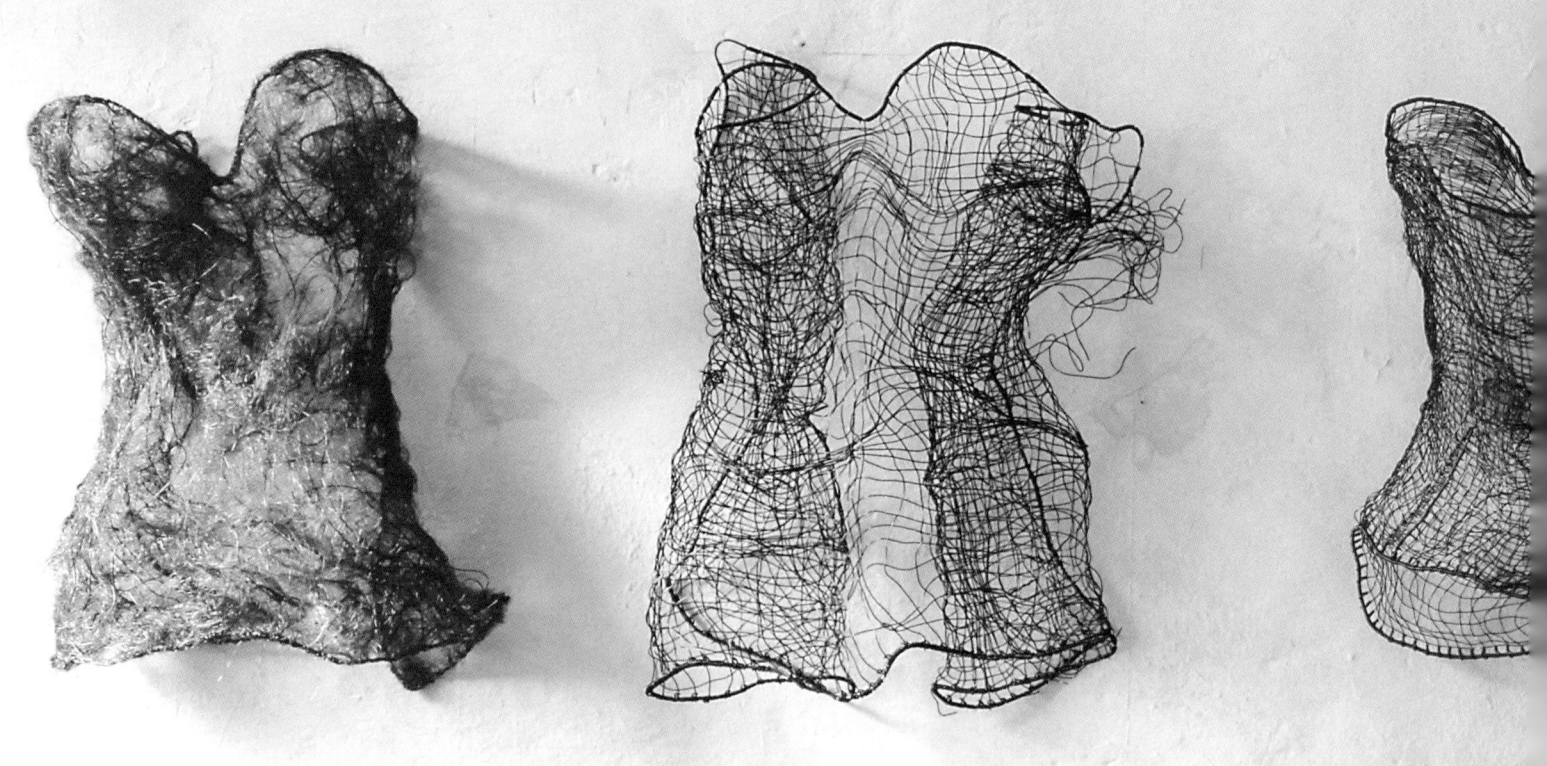

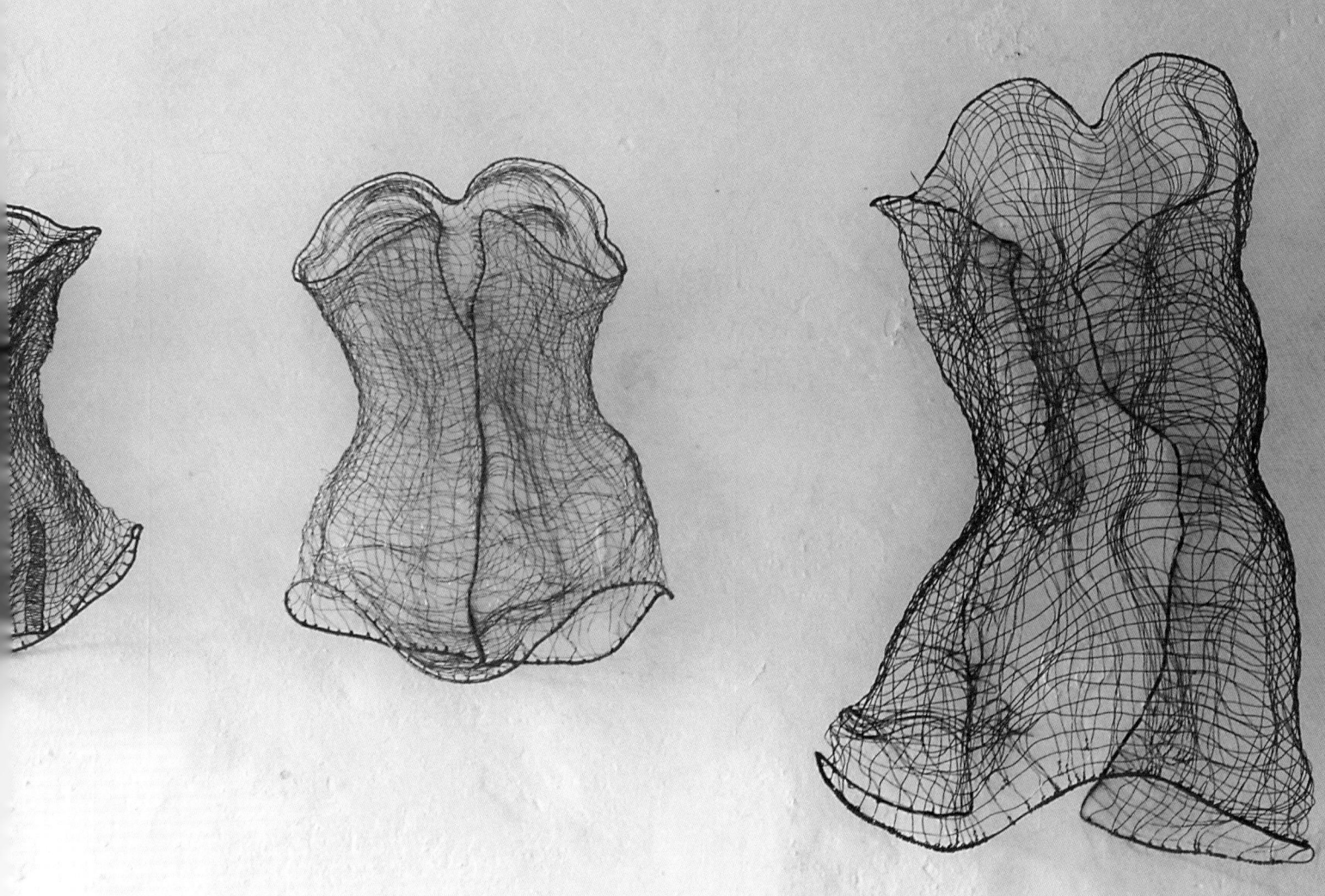

Bühne

»*Male mich wie ich bin. Wenn du die Narben und Falten fortlässt, zahle ich dir keinen Schilling.*«

Oliver Cromwell (* 1599 † 1658), englischer Staatsmann und Heerführer

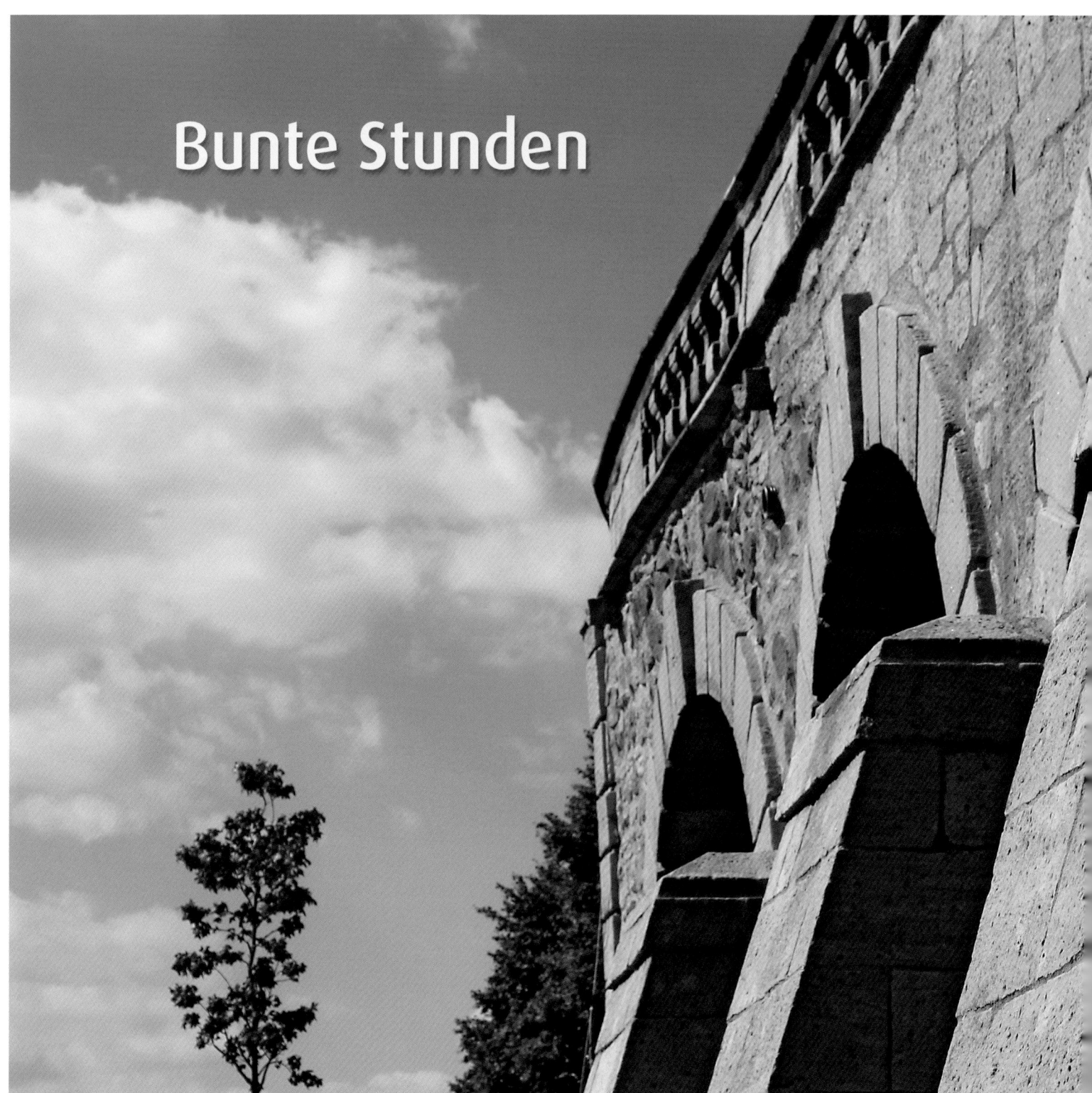

Bunte Stunden

Liobakirche

Heike Böcke

Bunte Stunden

„Warum haben es eigentlich Frauen, die ihren Mann stehen, so schwer, einen Partner zu finden? Ist es die Angst, von einer Frau dominiert zu werden, wenn sie nicht die Statur oder das Gemüt einer Elfe hat, oder glauben Männer, dass starke Frauen prima alleine zurecht kommen und sich darum die Mühe gar nicht erst lohnt?"

Heike Böcke redet nicht um den heißen Brei herum. Selbst wenn sie ganz gemütlich an ihrem Lieblingsplatz sitzt – auf der Brüstung der Liobakirche, die atemberaubende Aussicht genießt und entspannt die eine oder andere Zigarette raucht, kreisen ihre Gedanken selten um Banalitäten. Schonungslos offen spricht sie über sich selbst und die Menschen in ihrer Umgebung. Und ganz automatisch wendet sich ein Gespräch mit ihr Themen zu, die es in sich haben – wie eben der Dauerbrenner Beziehungen. Small talk liegt ihr nicht.

Alles muss raus!

Ob diese sympathische Schnodderigkeit etwas mit ihrer Abstammung aus dem Ruhrpott zu tun hat? „Kann schon sein", sagt die 1964 in Essen geborene Künstlerin mit einem Schmunzeln. „Allerdings lebe ich schon seit zig Jahren hier in Fulda. Auf jeden Fall hängt es mit meinem Beruf in der Gastronomie zusammen. Ich habe tagtäglich mit Menschen zu tun. Irgendwann war ich so voll mit Eindrücken, das musste alles raus! Also habe ich angefangen, mich künstlerisch auszudrücken."

Inzwischen hat die Frau hinterm Tresen des ehemaligen Fuldaer Nachtcafés und gute Seele des Backstage's schon fast

alles gemacht, was die schönen Künste so hergeben – Schauspiel, Regie, Comedy, Gesang, Musik, Literatur…

Nicht nur „die Frau des Dracula"

Am bekanntesten ist Heike Böcke sicherlich durch ihre Rolle in dem Ein-Personen-Schauspiel „Die Frau des Dracula" geworden, das sie seit 2005 in losen Abständen präsentiert – immer wieder neu interpretiert. Kein Wunder: Der Theatermonolog von Friedhelm Kändler scheint ihr wie auf den Leib geschrieben. Hier erzählt eine Frau ihre Geschichte, zynisch und kraftvoll, böse und brillant und mit einer großen Portion Humor. Ohne, dass man sich dagegen wehren kann, zieht sie den Zuschauer in ihren Bann – mit ihrer Vielseitigkeit, ihrem Tiefgang, aber ebenso mit ihrer Verletzlichkeit…

Das alles ist auch Heike Böcke. Sie besticht mit lauter, tiefer Stimme, offenem Blick und rauer Lache. „Was mich aus-

zeichnet? Die Art von Ehrlichkeit, bei der man nicht immer eine gute Figur macht." Eine klare Ansage. Sicher, die 45-Jährige ist manchmal unbequem, denn sie kennt keine Tabus. Und ganz bestimmt polarisiert sie. „Ich bin eben wie jeder

Künstler ein Egomane. Aber manchmal wünsche ich mir einfach nur eine Schulter zum Anlehnen. Einen Mann, der mich in den Arm nimmt und sagt: ‚Das wird schon.' Denn, ob ‚Mann' es nun glaubt oder nicht, ich hab auch eine weiche Seite!"

Facettenreich, wie ihre Bücher

Heike Böcke hat ohne Zweifel viele Facetten, besser gesagt viele Farben – wie ihre inzwischen fünf veröffentlichten Gedichtbände vom „Roten Stoff" über die „Der blauen Stunde" bis hin zu den „Gelben Seiten".

Und sollte die Kreativität mal ins Stocken geraten, geht sie rauf zur Liobakirche. „Meist bin ich alleine hier. Mit einer Flasche Wein. Durch die weite Sicht auf Fulda und die Rhön wird man ganz klein, steht irgendwie über den Dingen. Dabei komme ich zur Ruhe, sammle neue Kraft."

Ganz aktuell arbeitet Heike Böcke an einem neuen Projekt, das sie wieder an ihre eigenen Grenzen bringt: die sozio-kulturelle Revue „Pack Liebe drauf". Damit erschafft sie ihr erstes selbst verfasstes Bühnen-Programm. „Das Buch für dieses Stück zu schreiben ist für mich eine echte Herausforderung, denn ich möchte keine Stand-up-Comedy, sondern Setz-dich-hin-Komik. Das ist was anderes als kurze Aphorismen zu schreiben." Wir sind gespannt. Genauso wie auf den sechsten Gedichtband, dessen Titel schon feststeht: „Ich weiß...".

www.boecke.com

Liobakirche
An St. Peter
36100 Petersberg

»*Die Welt gehört dem, der sie genießt.*«

Giacomo Graf Leopardi (*1798 †1837), italienischer Dichter, Essayist und Philologe

Mann gönnt sich ja sonst nichts

Esperanto

Sascha, Holger, Jörg, Alexander, Roger und Christoph

Mann gönnt sich ja sonst nichts

Zugegeben – mit einer Hebammenpraxis wird gemeinhin nicht in erster Linie die Geburtsstätte einer langjährigen Männerfreundschaft verbunden. Die Herren vom „Fuldaer Babyklub" jedoch treten den Gegenbeweis an: Vor etwas über fünf Jahren – nämlich anlässlich der Schwangerschaft der jeweiligen Frauen – haben sich Roger Glaser (35), Jörg Lange (36), Holger Trabert (37), Dr. Christoph Schmitt (33), Alexander Fronapfel (35) und Sascha Jankulowski (37) im Geburtsvorbereitungskurs kennengelernt.

„Die Chemie hat sofort gestimmt. Wir sind alle ungefähr ein Alter, quasi in der gleichen Lebensphase – und das erste Kind ist schon eine spannende Sache. Da kommt man schnell ins Gespräch", erzählt Diplom-Finanzwirt Holger Trabert. „Zum Abschluss des Kurses sind wir mit allen Pärchen gemeinsam essen gegangen, haben die Nummern ausgetauscht und von da an hat sich eine echte Freundschaft entwickelt – zwischen den Männern, den Frauen und später auch zwischen den Kindern", ergänzt Diplom-Sozialpädagoge Roger Glaser. Die Geburtsstunde des Fuldaer Babyklubs.

Stillen, Grillen und Chillen

Die erste, die im April 2005 das Licht der Welt erblickte, war Lia Marie Vogel. „Ich kann mich noch gut erinnern, als uns

nach der Geburt alle besucht haben – die anderen waren ja zu der Zeit noch hochschwanger. Die erste Frage lautete natürlich: ‚Wie schlimm ist es?' und meine Antwort: ‚Wie ihr seht – es ist zu überleben'", erinnert sich Antje Vogel, die Frau von Roger Glaser.

Nach und nach erblickten auch die anderen fünf Babys im Frühjahr und Sommer gesund und munter das Licht der Welt, und die Treffen der jungen Familien wurden zur netten Regelmäßigkeit. Meist stand am Wochenende ein gemeinsames Barbecue im Garten auf dem Programm. „Während die Frauen sich dabei über die Mühsal des Stillens ausgetauscht haben, waren wir Männer fürs Grillgut zuständig. Schließlich sind wunde Brustwarzen selbst für engagierte Jungväter nicht das spannendste Gesprächsthema", meint Diplom-Betriebswirt Jörg Lange.

Geteiltes Leid ist halbes Leid

Heute ist bei den meisten Paaren auch Baby Nummer zwei auf der Welt – und kurioserweise wurden auch diese Schwangerschaften gemeinsam erlebt. Was die Frage aufwirft, ob also doch eine gewisse Ansteckungsgefahr von Schwangeren ausgeht? Wie dem auch sei: Der Gesprächsstoff geht dem

Babyklub jedenfalls nicht aus. „Wir tauschen uns nun weniger darüber aus, welche Windelsorte die beste ist, sondern vielmehr darüber, wie viel schwerer der Alltag mit dem zweiten Kind ist, frei nach dem Motto: Geteiltes Leid ist halbes Leid", sagt Alexander Fronapfel, Feinwerkmechaniker-Meister in der Metallfertigung. „Wer jetzt keine straffe Organisation hat, hat verloren. Denn beide Kinder verlangen gleichzeitig ein Rund-um-die-Uhr-Animations-Programm, aber eben altersgerecht", pflichtet Dr. Christoph Schmitt, Facharzt für Anästhesie am Fuldaer Klinikum, bei. Daher sind kurze Auszeiten vom Alltag umso wichtiger:

Sauna und frische Erdbeeren statt Fußballabend und Bier

Mindestens einmal im Monat, immer mittwochs, treffen sich diejenigen, die es einrichten können, zum Wellness-Abend im Spa Bereich des Hotels Esperanto. Roger Glaser, der für den Allgemeinen Sozialen Dienst des Jugendamts Fulda arbeitet, und der selbstständige Taxiunternehmer Sascha Jankulowski bilden dabei den „harten Kern" und sind fast immer mit dabei. „Wir beide kannten uns als Einzige schon vorher und sind immer gerne joggen oder saunieren gegangen", erklärt Sascha Jankulowski. „Die anderen stoßen dazu, wenn sie können."

So oft es geht, sitzen die sechs Väter zusammen und schwitzen. Ihr Gesprächsthema Nummer eins: Wie setzen sich gestandene Männer gegen starke Frauen durch? Antwort: „Ganz entspannt."

Allrounder

»*Nichts Süßeres gibt es
als der Sonne Licht zu schaun.*«

Friedrich von Schiller (*1759 †1805), deutscher Schriftsteller

SONNENaufgang
in der Unterstadt

Zur Sonne – Tag- & Nachtcafé

SONNE viel Charme und Gemütlichkeit aus. „Zumal man im Sommer eh lieber einen der begehrten Außenplätze ergattern möchte", weiß Gülseren, die neben ihrer Gastronomieausbildung wichtige Erfahrungen durch eine Lehre als Kauffrau und ein BWL-Studium mit einbringt. Eine ideale Kombination. Denn das dynamische Duo schloss mit seinem erfolgreichen Konzept eine Lücke, die in Fulda klaffte: ein Tag- und Nachtcafé!

Die SONNE strahlt für alle

Die SONNE ist mittlerweile in ihrer multifunktionellen Nutzung absoluter Kult und eine Institution, die Ihresgleichen in Fulda sucht. Egal, ob Frühstück oder Mittagstisch, Kaffee, Kuchen oder Cocktail, Party-Abend oder die berühmt-berüchtigte Weinprobe, in der Sonne alles kein Problem.
Ebenso vielfältig wie die Möglichkeiten sind auch die Gäste. Ob Comedyurgestein Otto Waalkes oder Otto Normalverbraucher, die SONNE strahlt für alle gleich. Und nicht selten entdecken Eltern bei einem Kaffee nach dem Stadtbummel ihre Söhne oder Töchter am Nachbartisch sitzend.

SONNEN-aufgang in der Unterstadt

Dass das Zitat Schillers nicht nur schöne Worte bleiben müssen, beweist seit ein paar Jahren das Fuldaer Gastronomenduo Jens Diegelmann und Gülseren Sezgin. Die beiden sind waschechte Fuldaer. Hier geboren und aufgewachsen. Jens zog es nach seiner gastronomischen Ausbildung aber zunächst hinaus in die Welt, um über den Tellerrand zu blicken und Erfahrungen zu sammeln. Und der Tellerrand war nicht gerade um die Ecke. Er landete für zweieinhalb Jahre auf den Bermudas und lernte dort als Restaurantleiter nicht nur seine Vorliebe zu gutem Wein, sondern auch das Leben von einer völlig neuen Seite kennen.

„Man kann nur ein guter Dienstleister sein, wenn man diesen Beruf als Berufung sieht und nicht als Job, um Geld zu verdienen."

Da dies für Jens mehr als nur eine Phrase ist, wollte er all seine Erfahrung in eine eigene Bar einfließen lassen. 2001 war es dann soweit. Der alten Fuldaer Gastwirtschaft »Zur Sonne« wurde neues Leben eingehaucht, und man verpasste ihr ein komplett neues Kleid.
Trotz der eher spartanisch wirkenden Einrichtung mit original Charles Eames Stühlen aus den sechziger Jahren, strahlt die

Jens und Gülseren beweisen, dass der Name »SONNE« nicht nur Namensgeber, sondern vielmehr Konzept ist. Und das kann man jeden Morgen live miterleben. Trotz der vielen Stunden Arbeit steht nämlich die pure Lust am Leben, an der Arbeit und an den Gästen im Mittelpunkt der beiden. Jeder wird in der großen »Sonne-WG« herzlich begrüßt und fühlt sich sofort angekommen und zu Hause. Auch wenn man eigentlich nur auf einen normalen Kaffee reinschneit: »Sonnenschein« Jens empfiehlt, überzeugt und am Ende hat man doch den Pfirsich-Buttermilchmix oder die Tagessuppe á la SONNE probiert und alles für klasse befunden. Und obendrein gibt es für das Gemüt noch einen großen Schuss Lebensfreude gratis dazu. Was will man eigentlich mehr...

www.sonne-fulda.de

Gülseren Sezgin und Jens Diegelmann

Die Sonne ist bei jung und alt äußerst beliebt. Was ist das Erfolgsgeheimnis?

Gülseren: »Bei uns wird jeder gleich behandelt. Hier kommt vom Baby bis zum Rentner jeder gerne hin und fühlt sich wohl. Für manche ist die SONNE mittlerweile so etwas wie ein zweites Wohnzimmer geworden. Und dieses eher freundschaftliche Vetrauensverhältnis zwischen unseren Gästen und uns macht es wohl so besonders. Es ist ein Geben und Nehmen.«
Jens: »Kleines Beispiel: Weder Güli noch ich haben ein Auto. Nur zwei Roller, mit denen wir aber natürlich nicht alles organisieren können. Da kommt es schon mal vor, dass wir das Auto von einem unserer Gäste ausleihen, um dringende Dinge zu erledigen.«

Seit 2006 seid ihr als alleinige Gesellschafter für die SONNE verantwortlich. Wo seht ihr die Stärken des anderen?

»Güli ist die gute Seele. Ohne sie würde hier gar nix laufen. Außerdem übernimmt sie die ganzen betriebswirtschaftlichen Dinge. Das ist super, weil ich da gar keine Ahnung von habe.«
»Ja, Jens ist eher der Marktschreier von uns beiden, die Frontsau, der Entertainer. Das macht er aber nicht aus Berechnung, sondern weil er wirklich so ist. Und das lieben die Leute an ihm.«

Die legendären SONNE-Weinproben haben mittlerweile Kultstatus erreicht.

Jens: »Wein ist wie Liebe, Sex und Zärtlichkeiten. Und wer hat das nicht gerne in seinem Leben? Ich versuche, bei den Weinproben genau dieses Gefühl zu vermitteln. Viele haben Hemmungen, weil sie denken, dass eine Weinprobe immer steif nach Etikette abläuft. Aber darum geht es doch überhaupt nicht. Bei mir wissen die Leute, dass es authentisch zugeht und ich die Dinge so benenne, wie es jeder versteht. Mittlerweile kommen bereits Reservierungen aus dem Ausland reingeschneit, weil es sich herumgesprochen hat, dass man hier entspannt eine gute Zeit haben kann.«

Ein Tag- und Nachtcafé wie die SONNE kostet doch unheimlich Kraft und Energie. Warum nicht kürzertreten und nur noch im Hintergrund agieren?

Gülseren: »Man hat natürlich schon Wünsche. Etwas mehr Zeit für Urlaub oder um eine eigene Familie zu gründen. Aber wo würde ich dann wohl wieder mit Kind und Anhang zum Frühstücken hingehen?«
Jens: »Genau, und ganz zurückziehen oder verkaufen käme eh nicht in Frage. Wer verkauft schon seine Freunde...«

Zur Sonne | Peterstor 2 | 36037 Fulda | Telefon (06 61) 2 92 86 66
www.sonne-fulda.de
Öffnungszeiten (Sonnenauf,- untergang):
Mo - Do 9:00 - 01:00 | Fr + Sa 9:00 - 03:00 | So 10:00 - 01:00 Uhr
Specials: Frühstück zum selbst zusammenstellen | Sonntag Brunch
Weinproben, Sonnen-Party

Seelenruhe

»Wer will haben gute Ruh,
der höre, seh' und schweig' dazu.«

deutsches Sprichwort

Zentralfriedhof

Bankgeflüster

Bank-geflüster

kannten sich nicht nur bereits aus ihrer Jugend, sie waren damals als Teenager sogar ein Paar. Doch die Nachkriegszeit hatte sie auseinander gerissen und man verlor sich aus den Augen.

Gemeinsam fanden sie ihr Lachen und ihre Lust am Leben wieder

Es ist ein wunderbar gefühlvoller Ort. Ich liebe diese Stille. Diese Ruhe mitten im pulsierenden Leben der Stadt. Die Menschen, die hierher kommen, mag ich auch. Und seit ich hier vor einigen Jahren am Zentralfriedhof aufgestellt wurde, habe ich viele Menschen kommen und gehen sehen. Einige nahmen nur für einen kurzen Moment auf mir Platz. Andere verweilten länger, kamen regelmäßig und tun dies zum Teil auch heute noch. Manchmal muss ich sie stützen, und manchmal schweigen wir uns stumm an, sagen minutenlang nichts, und das ist gut so. Dann genießen auch die Menschen die Ruhe, die von mir und diesem meditativen Platz ausgeht. Sie schwelgen in Gedanken und Erinnerungen, die sie zum Schmunzeln, aber auch Weinen bringen.

Beide lernten andere Partner kennen, verliebten sich, heirateten und bekamen Kinder. Und das alles nur wenige Kilometer Luftlinie voneinander entfernt. Jahrzehnte vergingen. Schöne und schwierige Phasen wechselten so oft, wie die Jahreszeiten ins Land zogen. Sie wurden älter und waren davon überzeugt, dass ihrer beider Leben zum größten Teil gelebt sei. Und dann kam er, der schmerzvolle Schicksalsmoment des Loslassens. Ihre Partner starben und hinterließen eine große, klaffende Lücke der Einsamkeit. Das Leben schien schneller ausgelebt als gedacht. Die Sinnfrage des Weiterlebens stellte sich. Doch dann, als eine positive Antwort auf diese Frage immer unwahrscheinlicher wurde, griff das Schicksal erneut ein. Die beiden trafen sich hier, direkt vor mir. Zuerst redeten sie nur über alte Zeiten, dann nach vielen weiteren Mittwochen auch über neue Ziele. Gemeinsam fanden sie ihr Lachen und ihre Lust am Leben wieder.

Manchmal beginnt hier das Leben erst wieder

Ich erinnere mich an jeden Einzelnen von ihnen. Es ist nämlich nicht so, dass dieser Ort hier nur ein Ort des Todes und der Trauer ist. Nein, ganz im Gegenteil. Manchmal beginnt hier das Leben erst wieder.
Erst kürzlich war ich Zeuge einer ganz besonderen Geschichte. Eine ältere Dame, mit der ich schon viele gemeinsame Stunden verbracht hatte, kam wie immer am Mittwoch, um nach den Blumen auf dem Grab ihres verstorbenen Mannes zu sehen. An diesem Tag kam sie mit einem Herrn in ihrem Alter ins Gespräch. Auch er besuchte das Grab seiner verstorbenen Partnerin, und bereits nach wenigen Sätzen stellten die beiden fest, dass sie sich alles andere als fremd waren. Sie

Nun sind einige Monate vergangen, und die zwei kommen mittlerweile gemeinsam her. Sitzen mit mir zusammen und reden über Gott und die Welt. Und manchmal schweigen sie einfach auch nur und genießen. Genießen die Ruhe, die Gesellschaft des anderen und sich selbst. Das sind dann die Momente, in denen auch ich schweige und froh darüber bin gerade hier stehen zu dürfen. Es ist ein wunderbar gefühlvoller Ort.

Zentralfriedhof
Künzeller Straße
137.000 qm | 11.300 Grabst.
Buslinien 1, 5 und 7
Haltestelle Zentralfriedhof

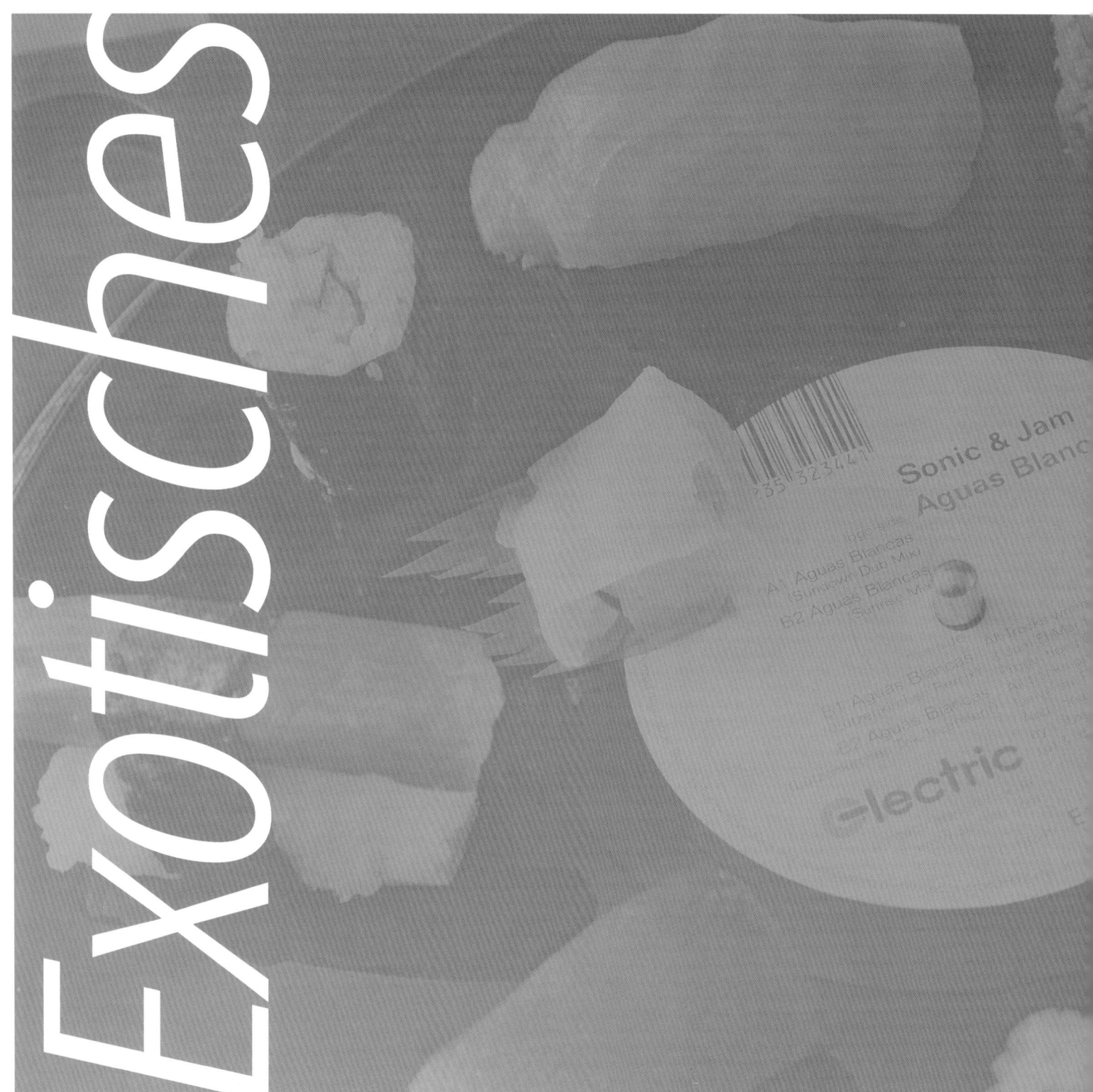

Exotisches

» Die Musik drückt das aus,
was nicht gesagt werden kann
und worüber zu schweigen
unmöglich ist. «

Victor Hugo (*1802 †1885), französischer Schriftsteller

Ein DJ, der
über den
Tellerrand schaut

Little Tokyo

Ein DJ, der über den Tellerrand schaut

Er ist einer der angesagtesten DJs der House-Szene und hat schon viele Clubs von Rang und Namen zum Kochen gebracht – darunter das legendäre El Divino auf Ibiza oder das U60311 in Frankfurt. Von Korfu nach Salzburg, von Bangkok nach Budapest – als DJ Sonic lebt Heiko Wuscher ein Jet-Setter-Leben, seine Wurzeln aber liegen in Fulda, genauer gesagt in Großentaft. Im „normalen" Leben arbeitet er für die Wetterstation am Militärflughafen in Ingolstadt und berät als Meteorologe Piloten aus aller Welt.

FRAGE: Zwei Fulltime-Jobs, regelmäßig auf Achse – und dabei trotz deiner 41 Jahre ohne nennenswerte Falten im Gesicht ... Wo lädst du deine Batterien wieder auf?
HEIKO: Wenn tatsächlich mal die Luft raus ist, lasse ich bei meinen Eltern die Seele baumeln – ich versuche, mehrmals im Monat hierher zu kommen. Neben der Ruhe genieße ich dabei vor allem die bodenständige, ehrliche Küche von Muttern. Überhaupt achte ich sehr auf eine gesunde Ernährung, mag leichtes Essen.

Wenig Alkohol, viel Sport

FRAGE: Als Ausgleich für dein eher ungesundes Leben zwischen Wetterkarte und Turntable? Nicht umsonst ist dein Kombi quasi ein zweites Zuhause.
HEIKO: Es stimmt, ich arbeite viel. Mein Glück: Ich brauche wenig Schlaf. Fünf Stunden genügen vollauf. Außerdem rauche ich nicht, trinke wenig Alkohol und treibe viel Sport. So ungesund lebe ich also gar nicht. Und, wie gesagt – gutes Essen ist mir ebenso wichtig. Lecker, wenige Kalorien – dafür ist vor allem die asiatische Küche berühmt. Insbesondere Sushi hat es mir angetan. Meine Lieblingsadresse dafür: das Little Tokyo.

FRAGE: Irgendeine besondere Empfehlung?
HEIKO: Da fällt mir spontan warmes Sushi ein. Einfach köstlich – unbedingt probieren!

FRAGE: Na dann: いただきます! Itadakimásu – guten Appetit! Experimentierfreudig bist du auch bei deiner Musik. Woher holst du dir die Ideen für deine Tracks?
HEIKO: Das kann ein Geräusch aus der Natur sein, ganz banal – Meeresrauschen oder Vogelgesang. Manchmal kommt mir eine Melodie spontan in den Sinn, die feile ich dann aus. Das geht natürlich am besten, während man sich entspannt. Aber da ich grundsätzlich ein entspannter Typ mit sonnigem Gemüt bin ... (lächelt).

FRAGE: Daher der Name „Sonic"? Im Englischen bedeutet das Schall, ist aber natürlich auch doppeldeutig ...
HEIKO: Genau. Außerdem ist mein Sternzeichen Fisch, ich bin also von Natur aus ausgeglichen.

Als Kind habe ich Mix-Kassetten aufgenommen

FRAGE: Wie hat eigentlich alles angefangen?
HEIKO: Ich habe als Kind Klavier gespielt, Platten gesammelt und Mix-Kassetten für Freunde aufgenommen. Irgendwann

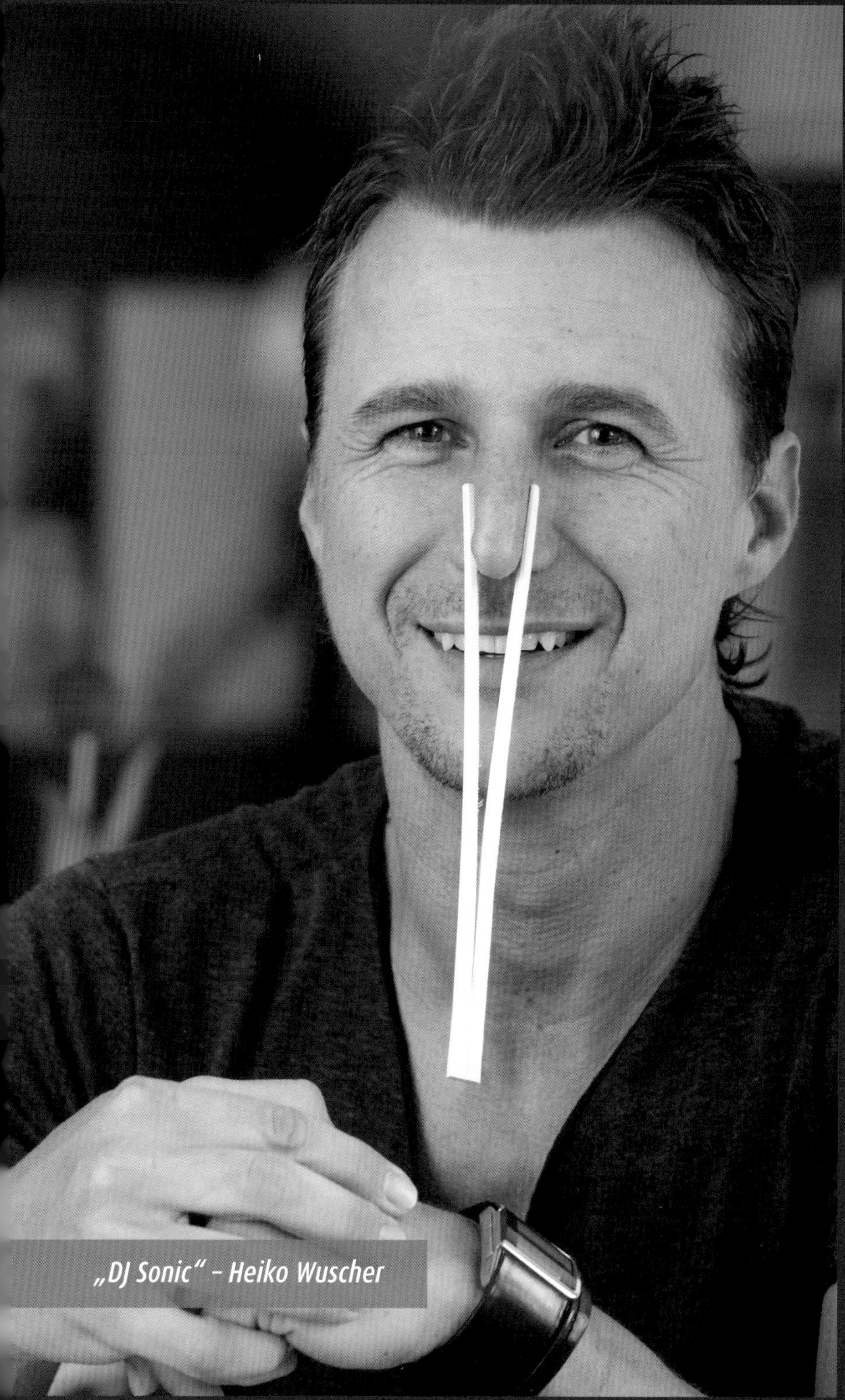

„DJ Sonic" – Heiko Wuscher

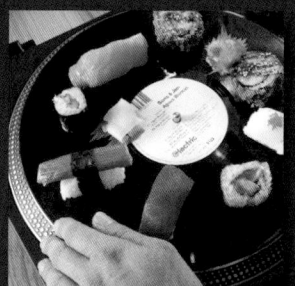

Besondere Empfehlung: warmes Sushi

wurde ich als DJ für private Partys gebucht, ab 1990 habe ich im Confetti in Hünfeld aufgelegt, später kamen neue Clubs dazu. Damals ging es gerade mit den ersten Techno-Partys los. Irgendwann habe ich dann auch angefangen, selbst Musik zu produzieren. Mit Jam El Mar von Jam & Spoon entstand meine bisher erfolgreichste Veröffentlichung Sonic & Jam – „Aguas Blancas".

FRAGE: Warum eigentlich gerade House?
HEIKO: House ist prädestiniert zum Abtanzen, Partymachen. Gute-Laune-Musik eben. Generell kann man mit jeder Musik Gefühle erzeugen. Das macht für mich den Job so reizvoll.

FRAGE: Terz für Terz fürs Herz… Und Zeit für Privates?
HEIKO: Die muss man sich nehmen. Bisher klappt das ganz gut.

FRAGE: Du stehst seit über 20 Jahren an den Turntables. Wie geht es weiter? Sonic(e) Aussichten für deine Fans?
HEIKO: Immer vorwärts, bis zur Silberhochzeit – 25 Jahre am Plattenteller. Dann schauen wir mal.

www.djsonic.org

LITTLE TOKYO
Gemüsemarkt 12 | 36037 Fulda | Telefon (06 61) 2 50 96 00

Öffnungszeiten täglich 11.30 - 14.30 Uhr und 17.30 - 23.30 Uhr
Mi. + Sa. (Markttage) ab 10.00 Uhr | kein Ruhetag
Specials: japanisches Bier, u. a. aus Japans ältester Brauerei (Sapporo)
Sushi Kurse | Catering- und Partyservice
mittags und abends wechselnde Menüs

www.little-tokyo.de

Klostermauern

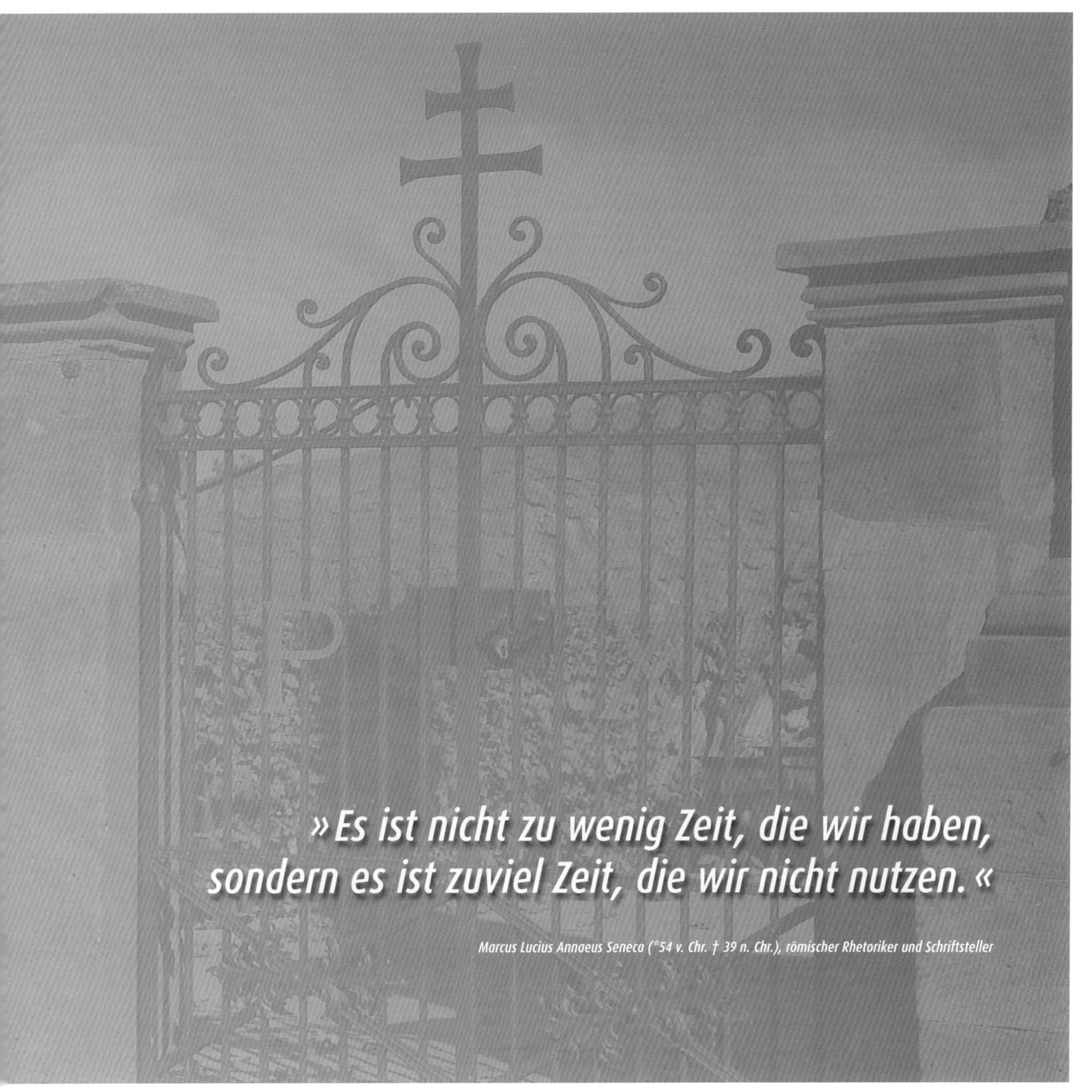

»Es ist nicht zu wenig Zeit, die wir haben,
sondern es ist zuviel Zeit, die wir nicht nutzen. «

Marcus Lucius Annaeus Seneca (°54 v. Chr. † 39 n. Chr.), römischer Rhetoriker und Schriftsteller

Ab ins Kloster –
eine Auszeit für Gestresste

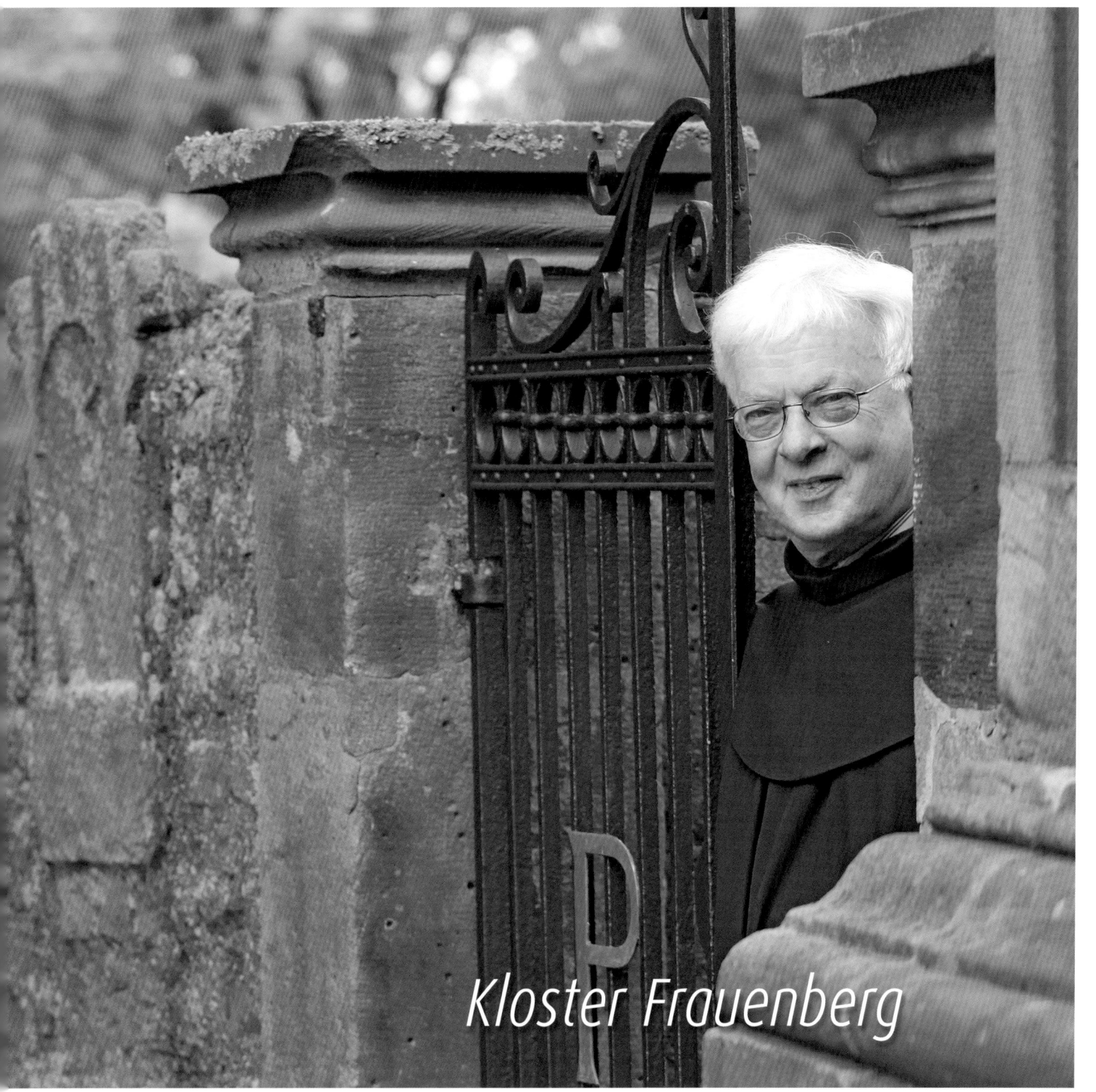

Kloster Frauenberg

Ab ins Kloster – eine Auszeit für Gestresste

Max Rademacher lebt in einer Oase. Auch ohne Palmen und Beduinenzelte ist die Idylle perfekt: Obwohl nur wenige Hundert Höhenmeter vom hektischen Treiben der Fuldaer Innenstadt getrennt, herrschen hier entspannte Gemütlichkeit und himmlische Ruhe, nur gelegentlich unterbrochen von leisen Orgeltönen. Max Rademacher gehört der Ordensgemeinschaft der Franziskaner an. Sein Zuhause: das Kloster Frauenberg.

Wer zu uns kommt, möchte den inneren Frieden finden

„Immer mehr Menschen entdecken in unserer schnelllebigen Gesellschaft das Klosterleben auf Zeit. Gestresst vom Alltag, auf der Suche nach Abgeschiedenheit und einem Ort, an dem sie neue Kraft tanken können, nehmen sie sich in unserer Gemeinschaft ganz bewusst eine Auszeit – oftmals auch als Alternative zum klassischen Urlaub", erzählt Pater Max, der das Gästehaus leitet, das dem Kloster angeschlossen ist. Statt Badeurlaub in der Karibik, beten in der Kapelle, statt Party an der Côte d'Azur, meditieren im Klostergarten.

„Die Anfragen steigen, vor allem über das Internet und über Mund-zu-Mund-Propaganda finden neue Gäste zu uns, darunter immer mehr Einzelpersonen. Und viele, die einmal hier waren, kommen immer wieder." Das Klientel ist bunt gemischt: Arbeiter und Akademiker, Frauen und Männer, junge und alte Menschen. Auch Prominente? „Ja, wir hatten auch schon erfolgreiche Bankiers, namhafte Hochschulprofessoren und Künstler zu Gast. Aber Titel und Bankkonten spielen hier keine Rolle. Wer zu uns kommt, möchte abschalten, den inneren Frieden finden, sich auf das wirklich Wichtige im Leben konzentrieren."

Und die Erwartung der Gäste wird erfüllt: Jeden, der die Klosterpforte passiert, umfangen die 2,20 Meter dicken Mauern wie eine schützende, kühle Umarmung – der hektische Alltagstrubel bleibt außen vor.

Um künftige Besucherzahlen muss sich das Kloster am Frauenberg jedenfalls keine Sorgen machen: „Wir waren über Ostern und Pfingsten komplett ausgebucht und auch für Silvester gibt es keine freien Zimmer mehr", erklärt Pater Max. Schließlich sind echte Rückzugsmöglichkeiten im Zeitalter der Handys und Laptops rar geworden.

Je länger ein Mensch schweigt, umso intensiver kann er hören

Aber selbst Franziskaner-Brüder, die inmitten einer echten Ruhe-Insel leben, brauchen regelmäßig Zeit für sich. „Wir arbeiten in der Seelsorge, das bedeutet, wir leben nicht in völliger Abgeschiedenheit, sondern begleiten unsere Besucher, bieten Gespräche an oder nehmen die Beichte ab. Ebenso gehören aber auch Trauungen oder Beerdigungen zu unseren Aufgaben." Umso wichtiger seien auch für die Patres tägliche Auszeiten. „Ich selbst ziehe mich dann für eine Stunde an meinen persönlichen Lieblingsort zurück, um zu beten – den Meditationsraum." Denn: Je länger ein Mensch schweige und in sich gehe, umso intensiver könne er hören – auf die eigene innere Stimme, aber auch auf die Mitmenschen. „Das ist auch ein wichtiger Bestandteil der Seelsorge: sein Gegenüber ausreden lassen, zuhören. Leider haben viele Menschen das verlernt."

„Pater Max" – Max Rademacher

Wussten Sie schon...

...dass sich die Franziskaner bereits 1623 auf dem Frauenberg niederließen? Nachdem Kirche und Kloster 1757 dem Feuer zum Opfer gefallen waren, wurden sie bis 1763 wieder aufgebaut. Heute gehört der Frauenberg zur deutschen Franziskanerprovinz mit Sitz in München.

...dass die jüngste Niederlassung der Franziskaner eine kleine Fraternität mit drei Brüdern in einer Wohnung eines Frankfurter Hochhauses in Eckenheim ist? Das zentrale Aufgabengebiet: die Kinder- und Jugendarbeit, zum Beispiel mit Hausaufgabenbetreuung.

...dass die Franziskaner an Schulterkragen und Kapuze erkennbar sind? Ihre Kapuze läuft weniger spitz zu als beispielsweise die der Kapuziner. Als Namenszusatz schreiben die Franziskaner übrigens „ofm" (ordo fratrum minorum = Orden der Minderen Brüder).

...dass auf der ganzen Welt heute etwa 18.000 Franziskaner leben?

...dass das Tau (ein „T" als Anhänger an einer Kette) ein Markenzeichen der Franziskaner ist? Im Buch des Propheten Ezechiel heißt es, dass Gott seinen Engel sandte, um auf die Stirn aller Getreuen Gottes dieses Heilszeichen einzuprägen. Als Segenszeichen Gottes liebte es Franziskus sehr und setzte es gern unter seine Briefe. Der Buchstabe „T" ist der letzte Buchstabe im althebräischen Alphabet. Den Namen erhielt es schließlich vom griechischen T: Tau.

...die drei Knoten im weißen Gürtel der Franziskaner-Kutte die drei Gelübde symbolisieren: Gehorsam, Ehelosigkeit und Armut?

www.franziskaner.de

Das Gästehaus Kloster Frauenberg verfügt über *33 Zimmer,* alle mit Bad ausgestattet, zum Preis zwischen 41 und 59 Euro inklusive *Vollverpflegung.* In der Regel verbringen Gäste eine Woche in der Gemeinschaft der Franziskaner, aber auch ein Wochenend-Aufenthalt ist möglich. Wer länger als acht Tage bleiben möchte, sollte das Klosterleben zunächst anlässlich eines Vorgesprächs kennenlernen. Die Zeit im Kloster kann auch schweigend verbracht werden, das Mitarbeiten, zum Beispiel im Klostergarten, ist freiwillig.

www.kloster-frauenberg.de

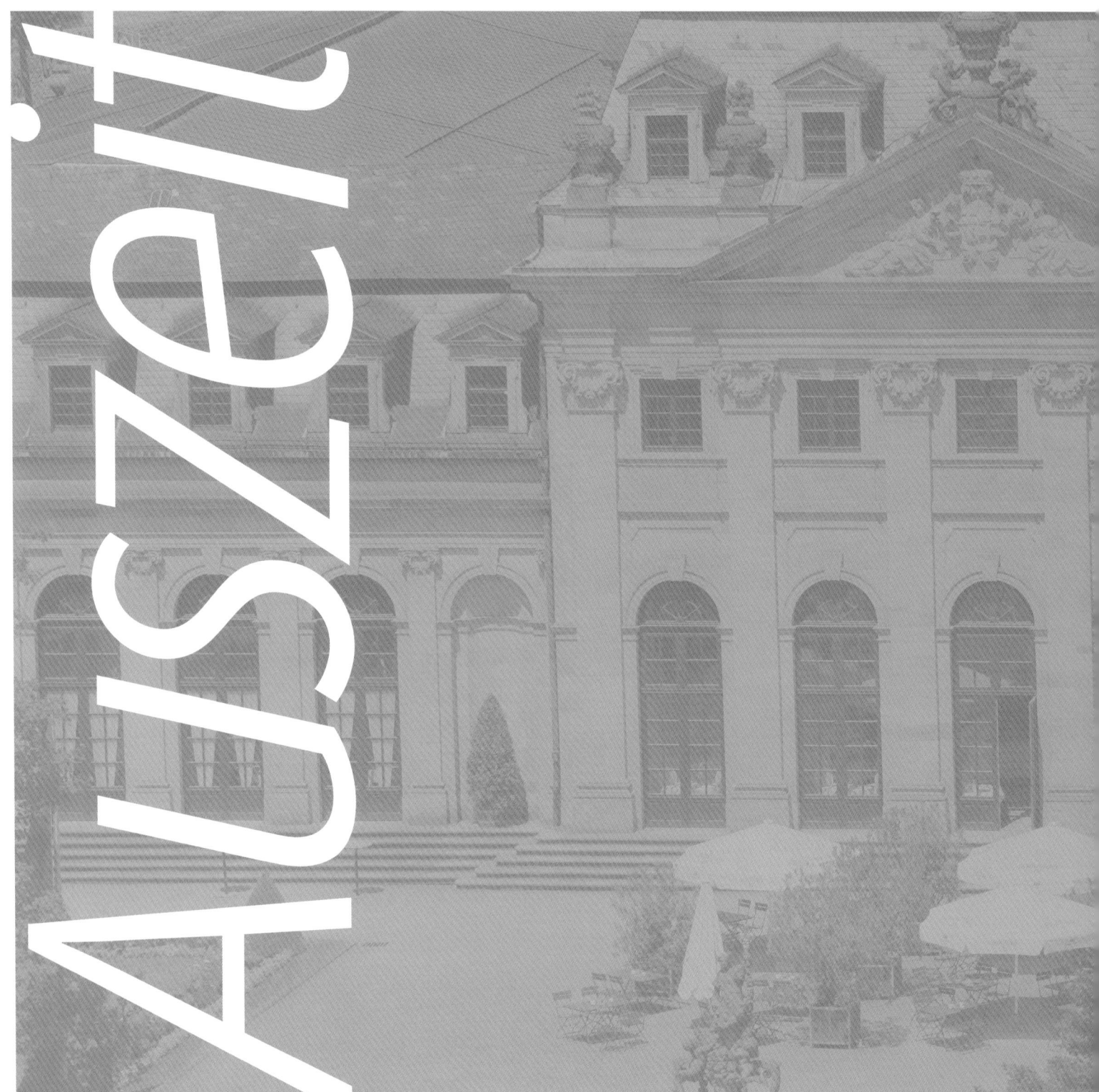

Auszeit

»*Wie rasch ist Abschied genommen,*
wie lange dauert es bis zum Wiedersehen!«

chinesisches Sprichwort

Orangerie

Blind Date
zur Mittagsstunde

Brigitte Prettin

Blind Date zur Mittagsstunde

Es ist Sonntag. Die Glocken läuten zur zwölf Uhr Stunde, und wir treffen uns gleich mit unserem nächsten Gesprächspartner. Nur kennen wir diese Person noch gar nicht. Die letzte Episode wollen wir nämlich dem Zufall überlassen und stellen unseren Wagen auf dem Parkplatz der Orangerie, oberhalb des Schlossparks ab. Wir wollen spontan jemanden fragen, welcher Ort für ihn sein persönlicher Lieblingsplatz in Fulda ist. Eine Art Blind Date zur Mittagsstunde.

Und das Schicksal meint es gut mit uns. Schon beim Betreten der großen Terrasse fällt uns eine Frau ganz besonders auf. Sie sticht uns geradezu ins Auge, denn die rothaarige Frau ist komplett in weißes Leinen gekleidet: weiße Bluse, weiße Hose. Dazu trägt sie eine dunkle Sonnenbrille und genießt mit sichtlichem Wohlgenuss die wärmenden Sonnenstrahlen an ihrem Tisch.

Vom Charme verzaubert

Wir sprechen sie an und erfahren, dass Brigitte Prettin einen Tag zuvor aus Düsseldorf angereist und bereits zum zweiten Mal Gast in der Domstadt ist. „Bei meinem ersten Besuch habe ich an einer Silvestergala teilgenommen und war vom Charme des barocken Städtchens so verzaubert, dass ich unbedingt noch einmal im Sommer nach Fulda kommen wollte."

Die Zeit bis zum Wiedersehen hat drei Jahre gedauert. Doch jetzt ist Brigitte Prettin mit ihrer Mutter zu deren 77. Geburtstag nach Fulda zurückgekehrt.

Es passt einfach alles zusammen

Eine Entscheidung, die sie nicht bereut hat. Denn an dem gesamten Geburtstagswochenende zeigt sich die Stadt bisher von ihrer sonnigen Seite und lässt den Schlosspark zu Füßen von Brigitte Prettin wie einen riesigen Zaubergarten wirken.

„Es passt einfach alles zusammen". Die Angestellte einer internationalen Institution legt ihren Kopf zufrieden in den Nacken und führt weiter aus: „Heute am frühen Morgen habe ich im Dom einem Orgelkonzert mit Werken von Liszt beigewohnt und nun sitze ich hier, nur ein paar Schritte von dem imposanten Gotteshaus entfernt, auf dieser traumhaften Terrasse, genieße den fantastischen Blick und höre Glockengeläut und das Plätschern der Wasserfontäne."

An diesem speziellen Platz, auf der Terrasse der Orangerie, nimmt sie am liebsten nach dem Frühstück noch einen Tee ein, und sei es auch nur für einige Minuten der Ruhe und des Entschleunigens.

„Ja, man kann schon sagen, dass das hier ein Lieblingsplatz von mir geworden ist."

Wiedersehen nicht ausgeschlossen

Brigitte Prettin nippt an ihrer Tasse und wagt einen Ausblick auf den weiteren Tagesplan.

„Am Nachmittag steht heute noch das Schloss Fasanerie in Eichenzell auf dem Programm." Doch nicht nur das nah gelegene Barockjagdschloss lockt Mutter und Tochter. Es gibt noch einiges Weitere zu entdecken. Und das ganz bequem.

„Dadurch, dass Sehenswürdigkeiten, Einkaufsläden und grüne Oasen wie der Schlosspark schnell zu Fuß zu erreichen sind, hat man eine ganz andere Nähe und Bindung zur Stadt. Das ist für Großstädter wie mich ein ganz neues Aufenthaltsgefühl. Wäre toll, wenn wir neben der Kö' auch so einen wunderschönen Park zum Verschnaufen hätten."

Die Innenstadt scheint sie ja bereits bestens durchforstet zu haben. Wir fragen daher, ob sie denn auch schon die Rhön kennengelernt hat.

„Nein, leider nicht", lächelt Brigitte Prettin, „aber ich muss mir ja auch noch irgendetwas für meinen dritten Besuch aufheben…"

Zeno Diegelmann – Idee, Konzept, Texte

Fotografie

Uli Mayer

„Ich schäume meine Milch mit einer Kaffeemaschine, mache jeden Tag Kunst und wohne auf einer Art Klostermauer. Was läge näher, als hierüber ein Buch photographisch zu illustrieren?"

www.um-werbefotografie.de

Zeno Diegelmann

„Die Arbeit an **KAFFEE, KUNST UND KLOSTERMAUERN** hat mir eines bewiesen: Dass man auch im alltäglichen Leben immer wieder auf Entdeckungsreise gehen kann, wenn man nur bereit ist, über tatsächliche oder geistige Mauern zu blicken. Und was wir dort fanden war grandios: hinter jeder Mauer ein Gesicht, hinter jedem Gesicht eine einzigartige Geschichte."

Fotografie

Christian Tech

„Kaffee hinter Klostermauern, Kunst im Café, Versuchung oder Ruhepool. Der Kreis schließt sich, und ich fühl mich von der Stadt umarmt."

www.photoplusgraphic.de

Texte

Sandra Bachmann

„Ganz klar: Auch Teetrinker, Kunstbanausen und Kirchenkritiker werden viel Freude an diesem Buch haben. Ich jedenfalls habe mich während der letzten Monate neu in meine Heimatstadt und die Menschen hier verliebt."

www.agentur-schreibbar.de

Layout

Oliver Schneider

„Die drei 'K' gehören einfach zu meinem Leben dazu: Kaffee trinke ich gerne – manchmal zu viel, Kunst ist mein Métier, und die Klosterkirche zählt alleine schon deshalb zu meinen Lieblingsplätzen, weil ich in der Nähe aufgewachsen bin. Auch wenn ich Schweizer Wurzeln habe: Fulda ist meine Heimat – für immer!"

www.fachwerk5.de

Die Macher

Uli Mayer, Oliver Schneider, Zeno Diegelmann, Sandra Bachmann, Christian Tech

...und wo ist Ihr Lieblingsort?

Impressum

ISBN 978-3-7900-0430-4

© 2010 by Parzellers Buchverlag GmbH & Co. KG, Fulda

1. Auflage

Texte: Zeno Diegelmann, Sandra Bachmann
Fotografien: Uli Mayer, www.um-werbefotografie.de
Christian Tech, www.photoplusgraphic.de (Academica, Marktstraße, Wasser)
Art-Direktion: Oliver Schneider, www.fachwerk5.de
Lektorat: Parzeller
Bildbearbeitung: Verena Hauke, Christopher Langner – FACHWERK 5
Konzept: Zeno Diegelmann

Druck und Verarbeitung: Rindt-Druck, Fulda
www.parzeller.de

HERZLICHEN DANK

Danke an alle, die dieses Buch unterstützt und ermöglicht haben. Ganz besonders gilt das für die Menschen, die uns ihre Türen und manchmal auch ihre Herzen geöffnet haben, um uns an ihren persönlichen Geschichten und Lieblingsorten teilhaben zu lassen.